I
fondamenti
della
lingua cinese

—

scrittura e pronuncia

Discovery Publisher

Titolo originale: *Chinese Without Tears for Beginners*
2014, ©Discovery Publisher
All rights reserved

Per l'edizione italiana:
2015, 1° edizione, ©Discovery Publisher
2022, 2° edizione, ©Discovery Publisher
Tutti i diritti riservati.

Autore: Brian Stewart
Traduzione: Alessandra Cerioli

616 Corporate Way
Valley Cottage, New York
www.discoverypublisher.com
editors@discoverypublisher.com
Orgoglioso di non usare Facebook o Twitter

New York • Paris • Dublin • Tokyo • Hong Kong

Prefazione

Quand'ero studente, ho dovuto assimilare la lingua cinese come l'avrebbe fatto un bambino cinese, ovvero attraverso una pratica ripetitiva senza fine (le famose "tre P" : « Pratica, Pratica e ancora Pratica»). Questo approccio era un eccellente sistema per migliorare la calligrafia, ma si sarebbe rivelato un metodo d'apprendimento tanto impegnativo quanto inefficace per un adulto.

D'altronde, qualche anno più tardi e dopo decine di conversazioni con alcuni studenti in difficoltà, mi ero totalmente persuaso che il loro sgomento proveniva dalla mancanza di una percezione precisa delle regole fondamentali del cinese. La loro mente e i loro sforzi si adoperavano in un approccio ripetitivo, ma sfocato e dispersivo della lingua, che impediva loro di progredire e li dissuadeva dal continuare.

Per fortuna, esistono delle soluzioni alternative più adatte alle nostre mentalità occidentali e alle esigenze di rapidità ed efficacia del mondo attuale. È in questo modo che, prima della fine dei miei studi di cinese, ho scoperto e messo in pratica una moltitudine di sintesi, spiegazioni utili, astuzie e metodi mnemotecnici semplici che, con il tempo, avrebbero ampiamente facilitato e accelerato i miei esordi laboriosi. Questa nuova pedagogia, utilizzata come sostegno contro le difficoltà degli studenti in questione, ha quasi sempre provato la sua grande efficacia aiutandoli a forgiare una visione più globale della lingua e favorendo la memorizzazione delle basi fondamentali del cinese. Tale efficacia, riconosciuta e apprezzata, ha generalmente invogliato il proseguimento dello studio di questa bella lingua.

È con la volontà di condividere questo approccio innovatore e di aiutare tutti gli studenti stranieri ad appropriarsi, con gioia ed efficienza, delle basi indispensabili della lettura, della scrittura e della pronuncia del cinese, che ho deciso di scrivere quest'opera. Le progressioni, le sintesi, gli esercizi ludici e le verifiche proposte aiuteranno il principiante entusiasta a immergersi in modo proficuo e gratificante nei piaceri della lingua cinese.

Brian Stewart

SOMMARIO

ELENCO DELLE TABELLE

Prima di iniziare...

Prima di iniziare, vi consigliamo di procurarvi :

- 168 cartoncini bianchi con o senza indice, formato 8x15 cm circa (ovvero uno per ogni carattere).

- Una penna.

- Un dizionario italiano-cinese.

LEZIONE 1

Definizione	Uno (numero e articolo), solo, una volta che, intero, completo, tutto, durante tutto il tempo
Evoluzione del carattere	
Ordine dei tratti	
Proverbio cinese	一见钟情

Brian Stewart

SALTIAMO NELLA BACINELLA

Sicuramente avrete già visto i 3 sinogrammi seguenti :
- Uno 一
- Due 二
- Tre 三

Anche il numero « dieci » 十 è facile da ricordare : è come il tratto orizzontale finale che barra una fascina di 9 rametti, per segnare il conteggio di 10 oggetti commerciali, o un risultato sportivo.

E' importante iniziare a scrivere da subito. Idealmente è meglio imparare usando un pennello, per dissuadersi dal tracciare i tratti nel senso sbagliato. Inoltre, pennelli e inchiostro sono a buon mercato, e la calligrafia può rivelarsi un passatempo gradevole. Ad ogni modo, qualunque strumento vogliate usare, **praticate**.

La maggior parte dei caratteri si traccia iniziando dal lato superiore sinistro. Il primo tratto parte verso la destra o verso il basso :

- Uno 一   direzione del tratto   ---→

- Due 二   direzione del tratto   ---→   ---→

- Tre 三   direzione del tratto   ---→   ---→   ---→

- Dieci 十   direzione del tratto   ---→   ↓

Esistono alcune eccezioni, ma sono rare. In tutti i casi, nessun carattere si scrive partendo dal lato inferiore destro. Ogni lezione vi mostrerà come scrivere i caratteri che avrete imparato e vi permetterà di praticare.

Noterete nella tabella qui sotto che ci concentriamo sia sul tracciato del carattere che sul suo senso, e proseguiremo in questo modo di volta in volta.

Non preoccupatevi della forma verbale di questi simboli. Per adesso, la nostra attenzione si limita al tracciato dei caratteri[1] e non alla loro pronunciazione, argomento che sarà affrontato più avanti.

Dai, proviamo !

#	Impara a disegnare i tuoi primi 4 caratteri cinesi						
1	一	一					
2	二	二	二				
3	三	三	三	三			
4	十	十	十				

1	一						
2	二						
3	三						
10	十						

1. Nel corso delle lezioni che seguiranno, indicheremo allo stesso tempo le due serie di caratteri cinesi : i sinogrammi tradizionali e i sinogrammi semplificati. La serie tradizionale sarà segnalata con « (t :…) ». Consultate la p. 46, « Cinese semplificato e Cinese Tradizionale » per maggiori informazioni.

LISTA DEI CARATTERI CINESI DA #1 A #27

INTRODUZIONE

I caratteri introdotti qui di seguito costituiscono le fondamenta sulle quali costruiremo i nostri progressi nel corso delle prossime lezioni. Studiamo in primo luogo quelli che presentano delle strutture simili.

#	CARATTERE	SIGNIFICATO	DESCRIZIONE E SPIEGAZIONE
5	人	Uomo / persona / essere umano	Silhouette stilizzata con un busto e due gambe ; bozza di omino fatto di bastoncini
6	个	Individuo / questo / misura / termine generico per persona o oggetto	Pittogramma di un germoglio di bambù, o numero 1 (t : 個)
7	大	Grande / grosso / enorme / vasto / largo / immenso / profondo / più vecchio / maggiore (primogenito)	Una persona con le braccia aperte
8	太	Più alto / più grande / troppo / molto / estremamente /	Grande 大 (carattere #7) con punto supplementare che marca l'enfasi
9	天	Giorno / cielo / cieli	Il cielo è la più grande cosa che una persona (carattere #7) possa vedere
10	从	(venire) da / seguire / via / attraverso / passato / sempre	Due persone che si seguono (t : 從)
11	内	Dentro / interno / all'interno	Una persona all'interno di qualcosa

#	CARATTERE	SIGNIFICATO	DESCRIZIONE E SPIEGAZIONE
12	肉	Carne (animale) / carne (umana) / polpa (frutto)	Carcassa sventrata
13	土	Terra / polvere / argilla / suolo / indigeno / locale / non complicato	Una pianta che germoglia prima attraverso il sottosuolo e poi il suolo
14	坐	Sedersi / prendere posto / prendere (l'autobus, l'aereo, ecc.)	Due uomini al suolo
15	广	Vasto / numeroso / spargere	La metà di una grande stanza ; un riparo ; una tettoia (t : 廣)
16	座	Sede / base	Due persone sedute in una stanza (caratteri #14 e #15)
17	占	Prendere possesso di / occupare / costituire / formare / spiegare	Una parola che esce da una bocca
18	点	Goccia / punto / (ora) precisa / un po' / termine generico per indicare piccole quantità indeterminate	Oggetto (carattere #17) sopra alle fiamme, e che quindi si restringe o si divide (t : 點)
19	店	Locanda / bottega / negozio	Personaggio in piedi sotto a un riparo (caratteri #17 e #15)
20	床	Letto / strato / termine generico per letti	Del legno (carattere #28) sotto a un riparo (carattere #15), formando un letto
21	去	Andare / togliere / appena finito o passato	Una persona (carattere #5 modificato) che va via da un foro (modificato), suggerendo un movimento

#	CARATTERE	SIGNIFICATO	DESCRIZIONE E SPIEGAZIONE
22	在	Situo a / essere in / esistere / in attività	Pittogramma di uno stelo d'erba che esce dal suolo (carattere #13)
23	王	Re / il migliore o più forte nel suo genere / grandioso (a) / principale	Una linea che domina la terra (carattere #13) ; un sovrano a capo del suo territorio ; un re
24	主	Proprietario o capo / oste / primo / originale	Pittogramma di un re (carattere #23) sormontato da una fiamma
25	住	Vivere a / abitare / risiedere / restare / fermarsi	Un capo (carattere #24) fissato da un palo
26	国	Paese / nazione / stato / nazionale	Una regione recintata (t : 國) ; mantenente una « giada » circondata da una frontiera
27	因	La causa / la ragione / perché	All'esterno, una sorta di recinzione che rappresenta una griglia, un muro o anche una frontiera tra nazioni (è un radicale, sarà studiato più avanti) ; all'interno un uomo ; un uomo nel suo ambiente

Tabella 1 : Lista dei caratteri cinesi da 1 a 27

SOLO PRATICANDO SI IMPARA !

Praticate, praticate e ancora praticate. Cercate di trovare il tempo per allenarvi a scrivere i vostri primi 27 caratteri cinesi.

La tabella qui sotto mostra l'ordine e la direzione dei tratti per ogni sinogramma presentato nella Lezione 1.

人	丿	人					
个	𠆢	个					

大	一	ナ	大						
太	大	太							
天	一	二	天	天					
从	丿	人	从	从					
内	丨	冂	内	内					
肉	内	肉	肉						
土	一	十	土						
坐	丿	人	从	丛	坐	坐			
广	丶	亠	广						
座	广	座							
占	丨	卜	占	占	占				
点	占	卢	点	点	点				
店	广	店							
床	广	庄	庄	床	床				
去	土	去	去						
在	一	ナ	尤	在					
王	一	二	王	王					
主	丶	主	主						
住	丿	亻	住						
国	丨	冂	国	国	国				

因	冂	冈	因						
一	一								
二	一	二							
三	一	二	三						
十	一	十							

Se avete un amico cinese che può supervisionare i vostri esercizi è meglio, ma una ricopiatura diligente dovrebbe già produrre buoni risultati. Più scrivete, più i vostri caratteri diventeranno fluidi e presentabili.

Vi suggeriamo di ricopiare su dei cartoncini ognuno dei sinogrammi incontrati in questo libro : il carattere cinese da un lato, il suo significato dall'altro. In questo modo, potrete iniziare a costituire un piccolo « dizionario » di schede che completerete volta per volta.

E' un metodo utilizzato dagli stessi studenti cinesi, che si è consolidato nel tempo. Grande vantaggio : il pacchetto di cartoncini può essere portato ovunque, in tasca, e rimescolato quando e come volete.

Esempio di scheda per 中 (carattere #151)

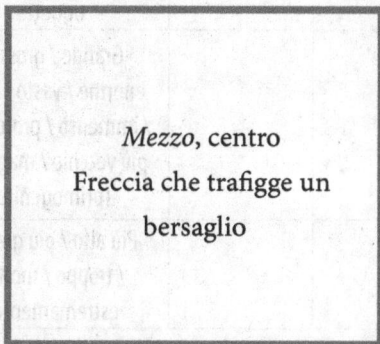

中

Mezzo, centro
Freccia che trafigge un
bersaglio

Un consiglio : potete ad esempio utilizzare cartoncini più grandi, affinché abbiate più spazio per aggiungere appunti ulteriori[1].

1. Tecniche di memorizzazione (metodi mnemotecnici) : per l'allievo, non è necessario aderire servilmente alle osservazioni nella colonna 4 della tabella (« Descrizione e spiegazione »). Qualunque trucco mnemotecnico personalizzato può funzionare, purché guidi la vostra memoria con efficacia. L'essenziale è che ogni novità venga a collocarsi stabilmente nel vostro cervello.
Uno studente gonfio d'orgoglio vorrà forse emulare il Padre Ricci, quel gesuita del diciottesimo secolo che, dopo decenni di studi, riempiva i mandarini di meraviglia grazie al suo sapere enciclopedico e ai suoi giri di memoria. Noi altri, poveri mortali, possiamo accontentarci di collocare qualche migliaio di caratteri cinesi nella nostra « memoria viva ». Siamo di fronte ad un hobby interessante, che può offrire ai suoi adepti le stesse soddisfazioni e piaceri delle parole crociate, ad esempio.

LEZIONE 1 : TEST 1

Nella tabella qui sotto, e senza guardare quello che abbiamo appena studiato, tracciate ogni carattere cinese in base al suo significato.

#	CARATTERE	SIGNIFICATO	DESCRIZIONE E SPIEGAZIONE
5		Uomo / persona / essere umano	Silhouette stilizzata con un busto e due gambe ; bozza di omino fatto di bastoncini
6		Individuo / questo / misura / termine generico per persona o oggetto	Pittogramma di un germoglio di bambù, o numero 1 (t : 個)
7		Grande / grosso / enorme / vasto / largo / immenso / profondo / più vecchio / maggiore (primogenito)	Una persona con le braccia aperte
8		Più alto / più grande / troppo / molto / estremamente /	Grande 大 (carattere #7) con punto supplementare che marca l'enfasi

#	CARATTERE	SIGNIFICATO	DESCRIZIONE E SPIEGAZIONE
9		Giorno / cielo / cieli	Il cielo è la più grande cosa che una persona (carattere #7) possa vedere
10		(venire) da / seguire / via / attraverso / passato / sempre	Due persone che si seguono (t : 從)
11		Dentro / interno / all'interno	Una persona all'interno di qualcosa
12		Carne (animale) / carne (umana) / polpa (frutto)	Carcassa sventrata
13		Terra / polvere / argilla / suolo / indigeno / locale / non complicato	Una pianta che germoglia prima attraverso il sottosuolo e poi il suolo
14		Sedersi / prendere posto / prendere (l'autobus, l'aereo, ecc.)	Due uomini al suolo
15		Vasto / numeroso / spargere	La metà di una grande stanza ; un riparo ; una tettoia (t : 廣)
16		Sede / base	Due persone sedute in una stanza (caratteri #14 e #15)
17		Prendere possesso di / occupare / costituire / formare / spiegare	Una parola che esce da una bocca

#	CARATTERE	SIGNIFICATO	DESCRIZIONE E SPIEGAZIONE
18		Goccia / punto / (ora) precisa / un po' / termine generico per indicare piccole quantità indeterminate	Oggetto (carattere #17) sopra alle fiamme, e che quindi si restringe o si divide (t : 點)
19		Locanda / bottega / negozio	Personaggio in piedi sotto a un riparo (caratteri #17 e #15)
20		Letto / strato / termine generico per letti	Del legno (carattere #28) sotto a un riparo (carattere #15), formando un letto
21		Andare / togliere / appena finito o passato	Una persona (carattere #5 modificato) che va via da un foro (modificato), suggerendo un movimento
22		Situo a / essere in / esistere / in attività	Pittogramma di uno stelo d'erba che esce dal suolo (carattere #13)
23		Re / il migliore o più forte nel suo genere / grandioso (a) / principale	Una linea che domina la terra (carattere #13) ; un sovrano a capo del suo territorio ; un re
24		Proprietario o capo / oste / primo / originale	Pittogramma di un re (carattere #23) sormontato da una fiamma
25		Vivere a / abitare / risiedere / restare / fermarsi	Un capo (carattere #24) fissato da un palo
26		Paese / nazione / stato / nazionale	Una regione recintata (t : 國) ; mantenente una « giada » circondata da una frontiera

#	CARATTERE	SIGNIFICATO	DESCRIZIONE E SPIEGAZIONE
27		La causa / la ragione / perché	All'esterno, una sorta di recinzione che rappresenta una griglia, un muro o anche una frontiera tra nazioni (è un radicale, sarà studiato più avanti) ; all'interno un uomo ; un uomo nel suo ambiente

LEZIONE 1 : TEST 2

Nella tabella qui sotto, e senza guardare quello che abbiamo appena studiato, scrivete il significato di ogni carattere cinese.

#	CARATTERE	SIGNIFICATO	DESCRIZIONE E SPIEGAZIONE
5	人		Il cielo è la più grande cosa che una persona (carattere #7) possa vedere
6	个		Due persone che si seguono (t : 從)
7	大		Una persona all'interno di qualcosa
8	太		Carcassa sventrata
9	天		Il cielo è la più grande cosa che una persona (carattere #7) possa vedere

#	CARATTERE	SIGNIFICATO	DESCRIZIONE E SPIEGAZIONE
10	从		Due persone che si seguono (t : 從)
11	内		Una persona all'interno di qualcosa
12	肉		Carcassa sventrata
13	土		Una pianta che germoglia prima attraverso il sottosuolo e poi il suolo
14	坐		Due uomini al suolo
15	广		La metà di una grande stanza ; un riparo ; una tettoia (t : 廣)
16	座		Due persone sedute in una stanza (caratteri #14 e #15)
17	占		Una parola che esce da una bocca
18	点		Oggetto (carattere #17) sopra alle fiamme, e che quindi si restringe o si divide (t : 點)

#	CARATTERE	SIGNIFICATO	DESCRIZIONE E SPIEGAZIONE
19	店		Personaggio in piedi sotto a un riparo (caratteri #17 e #15)
20	床		Del legno (carattere #28) sotto a un riparo (carattere #15), formando un letto
21	去		Una persona (carattere #5 modificato) che va via da un foro (modificato), suggerendo un movimento
22	在		Pittogramma di uno stelo d'erba che esce dal suolo (carattere #13)
23	王		Una linea che domina la terra (carattere #13) ; un sovrano a capo del suo territorio ; un re
24	主		Pittogramma di un re (carattere #23) sormontato da una fiamma
25	住		Un capo (carattere #24) fissato da un palo
26	国		Una regione recintata (t : 國) ; mantenente una « giada » circondata da una frontiera
27	因		All'esterno, una sorta di recinzione che rappresenta una griglia, un muro o anche una frontiera tra nazioni (è un radicale, sarà studiato più avanti) ; all'interno un uomo ; un uomo nel suo ambiente

COME SCRIVERE I CARATTERI CINESI

Dopo aver studiato i primi caratteri cinesi in questa lezione, è ora il momento di imparare qualche regola di base sul loro tracciamento.

TIPO DI TRATTI

I tratti sono tradizionalmente classificati in 8 forme di base, ognuna delle quali appare nel carattere « eternamente » 永. Eccovi la lista, con i rispettivi nomi contemporanei :

1 Punto (点)
2 Tratto orizzontale, da sinistra a destra (横)
3 Uncino all'estremità di altri tratti (竖)
4 Uncino all'estremità di altri tratti (钩)
5 Tratto diagonale, che sale da sinistra verso destra (提)
6 Tratto diagonale, che scende da destra verso sinistra (撇)
7 Tratto corto obliquo, che scende da destra verso sinistra (短撇)
8 Trait obliquo, che scende da sinistra verso destra (捺)

Questi tratti di base sono a volte legati tra loro, senza che la mano si solevi dal foglio. Nell'esempio di « eternamente » sopracitato, i tratti 2-3-4 sono tracciati consecutivamente, così come i tratti 5-6. Nei dizionari, questo sinogramma è classificato anche come composto da 5 tratti separati.

ORDINE DEI TRATTI

Perché un carattere abbia un aspetto corretto, è essenziale tracciarlo nel giusto ordine. Due regole fondamentali si applicano :

1. L'alto prima del basso
2. La sinistra prima della destra

Queste regole entrano tuttavia in contrasto ogni volta che un tratto si trova in basso a sinistra di un altro. Diverse regole supplementari permettono allora di risolvere la maggior parte dei conflitti.

3. Tratto verticale a sinistra (abitualmente) prima del tratto orizzontale alto
4. Tratto orizzontale in basso per ultimo
5. Tratto centrale prima dei tratti laterali
6. Tratti orizzontali prima dei tratti verticali secanti
7. Tratti discendenti a sinistra prima dei tratti discendenti a destra

Un'ultima regola può ancora contraddire le altre :

8. I tratti corti si tracciano (spesso) per ultimi

Malgrado questi conflitti tra regole, quasi tutti gli studenti acquisiscono rapidamente l'intuito corretto dell'ordine esatto dei tratti.

ORDINE DELLE COMPONENTI

La maggior parte dei caratteri cinesi è formata dalla giustapposizione di caratteri-componenti più semplici che si combinano tra loro. Di solito, le due parti semplici del carattere finale si scrivono una sull'altra, oppure una accanto all'altra, in modo che le prime due regole di base si applichino senza difficoltà. Tuttavia, a volte tali regole entrano in contrasto a causa delle componenti. Quando una delle componenti è in basso a sinistra e l'altra in alto a destra, quest'ultima si traccia a volte per prima. Quando ci sono più di due componenti, quelle in alto si tracciano per prime.

Queste regole presuppongono che ogni componente sia scritta integralmente prima di iniziare la seguente. Ci sono però delle eccezioni, ad esempio quando una delle componenti ne divide un'altra, ne circonda un'altra, o quando, nella scrittura moderna, le componenti individuali non sono più separabili.

Se quanto appena detto vi confonde, soprattutto non mettetevi fretta. Tutto questo sembrerà molto più chiaro dopo le prime due o tre lezioni·

IL CINESE PRATICO

Conoscete due dei tre caratteri cerchiati. Cosa pensate che si festeggi ?
Una nuova automobile, una nuova canzone, un gran hotel ?

Conoscete uno dei due caratteri cerchiati. Questa grande inaugurazione ha una dimensione ?

Partendo dai due caratteri cerchiati, potete affermare che si tratta di un celebre giornale che tratta di economia e finanza ?

LEZIONE 2

Definizione	Due, secondo, diverso, binario
Evoluzione del carattere	
Ordine dei tratti	
Proverbio cinese	二三其德

LA FORMAZIONE DEI CARATTERI CINESI

Studieremo ora i diversi tipi di caratteri cinesi : « pittogrammi », « ideogrammi », « combinazioni » e « radicali ».

A volte il radicale si presenta solo, a volte invece sarà integrato in un carattere più complesso che lo combina con altri elementi.

I PITTOGRAMMI

All'origine erano disegni fatti con dei bastoncini, ma hanno cambiato forma nel corso dei millenni. Alcuni pittogrammi, per esempio « grande » (carattere #7 « 大 » pag. 10) ; « seguire » (carattere #10 « 从 » pag. 10) ; « legno » (carattere #28 « 木 » pag. 41) ; « bocca », « apertura » (carattere #45 « 口 » pag. 36) ; « persona » (carattere #5 « 人 » pag. 10) sono rimasti particolarmente espliciti.

大	从	木	口	人
carattere #7	carattere #10	carattere #28	carattere #45	carattere #5
Esempi di pittogrammi				

Purtroppo per lo studente, pochi pittogrammi sono ancora così chiaramente simili al loro modello originale.

GLI IDEOGRAMMI

Gli ideogrammi suggeriscono un'idea o un concetto, piuttosto che un oggetto schematizzato. Un esempio è 从, ideogramma che abbiamo già incontrato e che significa « seguire ». E' formato da due 人 persone che si seguono (carattere #10 « 人 » pag. 10.)

Un altro esempio è 国, paese (carattere #26 « 国 » pag. 12). E' la combinazione di due elementi : 囗 una frontiera (cfr. radicale « 囗 » pag. 163) e 玉 giada.

LE COMBINAZIONI

Le combinazioni associano più elementi per formare un pittogramma o un ideogramma. Per esempio, 森 foresta (carattere #30 « 森 » pag. 34), non è un semplice schema significante tre alberi, ma è un ideogramma che significa « foresta ». 休 se reposer (carattere #31 « 休 » pag. 34) combina due pittogrammi : 人 uomo (carattere #5 « 人 » pag. 10) e 木 albero (carattere #28 « 本 » pag. 34), ovvero un uomo che si riposa contro un albero.

住	相	休	森	和
carattere #25	carattere #34	carattere #31	carattere #30	carattere #48
Esempi di elementi che concorrono a formare i caratteri cinesi				

I RADICALI

Il termine radicale[1] è utilizzato la maggior parte del tempo per indicare una sezione dei dizionari cinesi (部首, bù shǒu), chiamata anche chiave o classificatore.

Si utilizzano i radicali per indicizzare i caratteri cinesi dei dizionari di cinese. Questo sistema di indicizzazione serve da base alla classifica dei caratteri cinesi da tempi immemorabili, dal dizionario Shuōwén Jiézì (dizionario cinese dell'inizio del secondo secolo della nostra era, dinastia Han), fino ai nostri dizionari moderni.

1. L'uso del termine « radicali » è stato rifiutato da alcuni letterati a causa della sua ambiguità. Il professor Creel dell'Università di Chicago, figura occidentale emblematica rispetto all'analisi del cinese, critica così il termine « radicale » e preferisce utilizzare « chiave ».

Un radicale può presentarsi solo, ad esempio, 人 una persona (carattere #5 « 人 » pag. 10). In una combinazione, lo troviamo abitualmente sul lato sinistro, come in 休 riposarsi (carattere #31 « 休 » pag. 34). Tuttavia a volte possiamo trovare un radicale in alto, o in basso, o ancora a destra (molto raramente).

住	相	休	森	和
carattere #25	carattere #34	carattere #31	carattere #30	carattere #48
La parte ombreggiata di caratteri mostra la radicale				

Il dizionario Kang Xi (diciottesimo secolo) identifica come radicali un totale di 214 caratteri. Tali radicali, quando utilizzati in una combinazione, danno di solito un indicazione sul senso del carattere. Possono anche avverarsi un aiuto prezioso per la memoria. Uno dei radicali più frequenti è familiarmente chiamato « Tre-gocce-d'acqua », o 氵. « Tre-gocce-d'acqua » è una forma stenografica del carattere « acqua » 水. Se trovate « Tre-gocce-d'acqua » alla sinistra di un carattere, potete star certi che quel carattere si riferisce a un elemento liquido. I caratteri per « mare » 海, « lago » 湖, « fiume » 河, « olio » 油, e « alcool » 酒, utilizzano tutti « Tre-gocce-d'acqua » come radicale. Il dizionario Kang Xi elenca un totale di 47035 caratteri ripartiti in base ai 214 radicali che identifica. Esistono sette radicali che entrano nella composizione di più di 1000 caratteri ciascuno :

艹	氵	木	扌	口
erba 1,902	acqua 1,595	albero 1,369	mano 1,203	bocca 1,146

小	虫	
cuore 1,115	insetto 1,067	
I sette gruppi che entrano nella composizione di oltre 1000 caratteri ciascuna		

Di solito, i seguenti radicali evocano un insieme di caratteristiche comuni :

- Il radicale « Erba » ⁺⁺ significa probabilmente che il carattere appartiene al campo lessicale delle piante o dei fiori. Così, il carattere per 花 fiore comporta l'indicazione fonetica 化 sotto il radicale ⁺⁺

- Il radicale « Albero » 木 (carattere #28 « 木 » pag. 34) implica senza dubbio che il carattere si riferisce a del legno, una costruzione, magari una macchina.

- Il radicale « Fuoco » 火 significa di solito che il carattere riguarda il fuoco o il calore.

- Il radicale « Donna » 女 (carattere #53 « 女 » pag. 47), indica senza sorprese che il carattere si riferisce a qualcosa di femminile o ad una femmina.

Sfortunatamente per lo studente, non tutte le combinazioni includono un elemento radicale che dia una precisa indicazione sul campo lessicale. Tuttavia, per fortuna, molti apportano questo prezioso aiuto.

ESEMPI DI RADICALI RICORRENTI

La tabella qui sotto contiene una lista di radicali frequenti, con il loro significato e qualche carattere che compongono. Per la lista completa dei radicali, consultate la « Lista dei 214 radicali Kangxi » a pag. 161.

#	RADICALE	SIGNIFICATO	ESEMPI DI CARATTERE
1	人 (亻)	Uomo, umano	今 从 (仁 休 位)

#	RADICALE	SIGNIFICATO	ESEMPI DI CARATTERE
2	冫	Ghiaccio	冶 冷 冻
3	刀 (刂)	Coltello, spada	刀 切
4	口	Bocca, apertura	口 可 君 否
5	囗	Chiusura	四 回 因
6	土	Terra	土 在 地 城
7	女	Donna, femmina, femminile	女 好 妻 姓
8	彳	Passo	役 彼 得
9	心 (忄小)	Cuore	想 (忙 情 性)
10	手 (扌𰀁)	Mano	手 拿 (打 抱)
11	日	Sole, giorno	日 明 映 晚
12	月	Luna, mese, carne	有 服 胀 肺
13	木	Albero	木 相 森 林
14	水 (氵氺)	Acqua	水 永 (泳 治)
15	火 (灬)	Fuoco	火 灯 (点 照)
16	疒	Malattia	病 症 痛 癌
17	目	Occhio	目 省 眠 眼
18	肉	Carne	胬
19	虫	Insetto	蚯 蚓
20	讠	Parola, discorso	讲 设 评 试
21	阝	Città, muro, muraglia	那 邦
22	食 (饣)	Mangiare, cibo	餐 (饭 饮)

Tabella 2 : Esempi di radicali comuni

LEZIONE 2 : TEST 1

In base alla tabella « Lista dei caratteri cinesi da #1 a #27 » di pagina 10, riproducete il radicale di ogni carattere e scegliete la definizione adeguata. Consultate le « Risposte al test 1 » a pagina 171 per le soluzioni.

#	RADICALE	SIGNIFICATO	ESEMPIO
1		☐ Cibo ☐ Uomo	从
2		☐ Mano ☐ Insetto	打
3		☐ Luna ☐ Sole	明
4		☐ Carne ☐ Tavolo	肺
5		☐ Legno ☐ Carne	相
6		☐ Ghiaccio ☐ Acqua	泳
7		☐ Luce ☐ Fuoco	灯
8		☐ Malattia ☐ Recipiente	病
9		☐ Occhio ☐ Luna	眼
10		☐ Carne ☐ Fiamma	朕
11		☐ Musica ☐ Insetto	蛇
12		☐ Fiore ☐ Ghiaccio	冰
13		☐ Parola ☐ Viaggio	讲
14		☐ Coltello ☐ Tetto	召
15		☐ Bocca ☐ Casa	否

IL CINESE PRATICO

In base al radicale del carattere cerchiato, quale può essere il soggetto di questo evento ?

In base al radicale del carattere cerchiato, di cosa tratta l'edizione
di questo settimanale ?

In base al radicale del carattere cerchiato, che tipo di gara ha avuto
luogo ?

三

Definizione	Tre, terzo, un terzo, più di uno, qualche
Evoluzione del carattere	三 三 三 三
Ordine dei tratti	一 二 三
Proverbio cinese	三思而行

In questa lezione studieremo brevemente l'evoluzione dei caratteri cinesi, e completeremo la nostra lista con qualche carattere supplementare.

EVOLUZIONE DEI CARATTERI CINESI

La lingua cinese possiede un sistema di scrittura molto antico. E' d'altronde straordinario come questo sistema scritto sia cambiato relativamente poco nel corso dei suoi 3500 anni di evoluzione.

Il suo sviluppo si divide in diverse tappe. La tabella qui in seguito mostra i cambiamenti attraverso le varie epoche dei caratteri « Pesce », « Nuvola », « Luna » e « Uomo ».

Nome in cinese	Nome in italiano	Mandarin	Evoluzione del carattere cinese			
			« pesce »	« nuvola »	« luna »	« uomo »
甲骨文 1200-1050 BC	Osso	Jiaguwen				
金文 770 BC-220 BC	Incisione su bronzo	Jinwen				
篆书 220 BC-220 AD	Stile sigillare	Zhuanshu				
隶书 25-220 AD	Scrivani	Lishu				
楷书 173 AD	Regolare	Kaishu				
行书 87 AD	Corrente	Xingshu				
草书 206 BC-8 AD	Corsiva	Caoshu				

Tabella 3 : Evoluzione dei caratteri cinesi

Nome in cinese	Nome in italiano	Mandarin	Evoluzione del carattere cinese			
			« pesce »	« nuvola »	« luna »	« uomo »
简体字 1949 AD	Semplificata	Jiantizi	鱼	云	月	人

LISTA DEI CARATTERI CINESI DA #28 A #52

Questa lista introduce dei caratteri cinesi molto comuni, di cui la maggior parte possiede un senso proprio. Possono essere usati anche come radicali per formare dei caratteri più complessi. Dopo questa lezione, sarete in grado di identificare alcuni di questi caratteri più complessi senza nemmeno averli studiati.

Dal momento che ora avete anche un idea dei caratteri antichi, ve li presenteremo ogni qualvolta possibile.

#	CARATTERE	FORMA ANTICO	DEFINIZIONE	DESCRIZIONE E SPIEGAZIONE
28	木	朿	Legno, albero	Immagine della silhouette di un albero ; rami e tronco verticale
29	林	林	Foresta, bosco	Due alberi (carattere #28) che simboleggiando una foresta
30	森	森	Boscaglia / Foresta folta	Tre alberi (carattere #28) rappresentati alberi e cespugli aggrovigliati, una foresta folta
31	休	休	Riposarsi	Una persona (carattere #5) che si riposta contro o sotto un albero (carattere #28)
32	本	本	Radici o gambi di piante / origine / fonte	Radice ai piedi di un tronco d'albero (carattere #28)
33	目	◁	Occhio / item / scopo	All'origine, pittogramma di un occhio

#	CARATTERE	FORMA ANTICO	DEFINIZIONE	DESCRIZIONE E SPIEGAZIONE
34	相		Apparenza / ritratto / esaminare	Un occhio (carattere #33) che guarda un albero (carattere #28)
35	心		Cuore / spirito (pensiero)	Un cuore umano con valvole e arterie
36	想		Pensare / credere / volere / mancare di	Esaminare (carattere #34) lo spirito (carattere #35) ; pensare
37	日		Sole / giorno / giorno del mese	Pittogramma del sole
38	白		Bianco / vuoto / noioso / cupo / cancellato / invano	Sole (carattere #37) con tratto corto indicante l'inizio della sua ascensione
39	勺		Cucchiaio	Pittogramma di un cucchiaio
40	的		Di (possessivo)	Alcuna spiegazione breve è possibile, bisogna conoscere questo carattere
41	百		Ceno / numeroso / ogni sorta di	Uno (carattere #1) e bianco (carattere #38) suggeriscono un numero grande
42	是		E'-sono (loro) -sono (io) / verbo essere / si	Alla luce del giorno (carattere #37)
43	早		Presto / mattino	Sole (carattere #37) che sale nel cielo
44	昨		Ieri	Giorno (carattere #37) con indicazione di passato

#	CARATTERE	FORMA ANTICO	DEFINIZIONE	DESCRIZIONE E SPIEGAZIONE
45	口	日	Bocca / entrata	Una bocca ; un'apertura come il ciglio di una porta o un'entrata ; come sempre, il cerchio è stato trasformato in quadrato il cui tracciato è più agevole per una persona che utilizza un pennello
46	喝	喝	Bere / urlare (un ordine)	Una bocca (carattere #45) con 曷 fonetico (la fonetica sarà studiata più avanti)
47	禾	禾	Miglio / cereale / grano	Un chicco di grano in cima a una pianta
48	和	咊	E / insieme / con / somma (totale) / unione / pace / armonia	Armonia tra grano e bocca
49	香	香	Odoroso / che ha un buon odore / saporito o appetitoso	Miglio 禾 (carattere #47) e dolce 甘 (日)
50	吃	吃	Mangiare / assorbere / patire / aspirare	Una bocca (carattere #45) con un pittogramma che dà l'impressione che assorba qualcosa
51	品	品	Articolo / merce / fila, riga / carattere / disposizione	Tre scatole (carattere #45) che rappresentano una pila di derrate commerciali ; lo si può trovare su numerosi cartelli commerciali
52	回	回	Rivenire / ritornare / rispondere	Due forme concentriche che simboleggiano un viaggio andata-ritorno

Tabella 4 : Lista dei caratteri cinesi da 28 a 52

LEZIONE 3 : ORIDNE DEI TRATTI E PRATICA

La tabella qui sotto mostra l'ordine e la direzione dei tratti per ognuno dei caratteri presentati in questa lezione.

Ora tocca a (3P !)

木	一	十	木						
林	木	林							
森	木	森	森						
休	亻	休							
本	木	本							
目	冂	月	目	目					
相	木	相							
心	丶	心	心						
想	相	想							
日	丨	冂	日	日					
白	丿	白							
勺	丿	勹	勺						
的	白	的							
百	一	百							
是	日	旦	早	早	是	是			
早	日	旦	早						

昨	日	町	昨	昨	昨				
口	丨	冂	口						
喝	口	吧	喝	喝	喝				
禾	一	二	千	禾	禾				
和	禾	和							
香	禾	香							
吃	口	吃	吃	吃					
品	口	吕	品						
回	冂	向	回						

LEZIONE 3 : TEST 1

Nella tabella qui sotto, e senza guardare quello che abbiamo appena studiato, tracciate ognuno dei caratteri cinesi in base al suo significato.

#	CARATTERE	SIGNIFICATO	DESCRIZIONE E SPIEGAZIONE
28		Legno, albero	Immagine della silhouette di un albero ; rami e tronco verticale
29		Foresta, bosco	Due alberi (carattere #28) che simboleggiando una foresta
30		Boscaglia / Foresta folta	Tre alberi (carattere #28) rappresentati alberi e cespugli aggrovigliati, una foresta folta

#	CARATTERE	SIGNIFICATO	DESCRIZIONE E SPIEGAZIONE
31		Riposarsi	Una persona (carattere #5) che si riposta contro o sotto un albero (carattere #28)
32		Radici o gambi di piante / origine / fonte	Radice ai piedi di un tronco d'albero (carattere #28)
33		Occhio / item / scopo	All'origine, pittogramma di un occhio
34		Apparenza / ritratto / esaminare	Un occhio (carattere #33) che guarda un albero (carattere #28)
35		Cuore / spirito (pensiero)	Un cuore umano con valvole e arterie
36		Pensare / credere / volere / mancare di	Esaminare (carattere #34) lo spirito (carattere #35) ; pensare
37		Sole / giorno / giorno del mese	Pittogramma del sole
38		Bianco / vuoto / noioso / cupo / cancellato / invano	Sole (carattere #37) con tratto corto indicante l'inizio della sua ascensione
39		Cucchiaio	Pittogramma di un cucchiaio

#	CARATTERE	SIGNIFICATO	DESCRIZIONE E SPIEGAZIONE
40		Di (possessivo)	Alcuna spiegazione breve è possibile, bisogna conoscere questo carattere
41		Ceno / numeroso / ogni sorta di	Uno (carattere #1) e bianco (carattere #38) suggeriscono un numero grande
42		E'-sono (loro) -sono (io) / verbo essere / si	Alla luce del giorno (carattere #37)
43		Presto / mattino	Sole (carattere #37) che sale nel cielo
44		Ieri	Giorno (carattere #37) con indicazione di passato
45		Bocca / entrata	Una bocca ; un'apertura come il ciglio di una porta o un'entrata ; come sempre, il cerchio è stato trasformato in quadrato il cui tracciato è più agevole per una persona che utilizza un pennello
46		Bere / urlare (un ordine)	Una bocca (carattere #45) con 曷 fonetico (la fonetica sarà studiata più avanti)
47		Miglio / cereale / grano	Un chicco di grano in cima a una pianta
48		E / insieme / con / somma (totale) / unione / pace / armonia	Armonia tra grano e bocca

#	CARATTERE	SIGNIFICATO	DESCRIZIONE E SPIEGAZIONE
49		Odoroso / che ha un buon odore / saporito o appetitoso	Miglio 禾 (carattere #47) e dolce 甘 (日)
50		Mangiare / assorbire / patire / aspirare	Una bocca (carattere #45) con un pittogramma che dà l'impressione che assorba qualcosa
51		Articolo / merce / fila, riga / carattere / disposizione	Tre scatole (carattere #45) che rappresentano una pila di derrate commerciali ; lo si può trovare su numerosi cartelli commerciali
52		Rivenire / ritornare / rispondere	Due forme concentriche che simboleggiano un viaggio andata-ritorno

LEZIONE 3 : TEST 2

Nella tabella qui sotto e senza guardare quello che abbiamo appena studiato, trascrivete il significato di ogni carattere.

#	CARATTERE	SIGNIFICATO	DESCRIZIONE E SPIEGAZIONE
28	木		Immagine della silhouette di un albero ; rami e tronco verticale
29	林		Due alberi (carattere #28) che simboleggiando una foresta
30	森		Tre alberi (carattere #28) rappresentati alberi e cespugli aggrovigliati, una foresta folta

#	CARATTERE	SIGNIFICATO	DESCRIZIONE E SPIEGAZIONE
31	休		Una persona (carattere #5) che si riposta contro o sotto un albero (carattere #28)
32	本		Radice ai piedi di un tronco d'albero (carattere #28)
33	目		All'origine, pittogramma di un occhio
34	相		Un occhio (carattere #33) che guarda un albero (carattere #28)
35	心		Un cuore umano con valvole e arterie
36	想		Esaminare (carattere #34) lo spirito (carattere #35) ; pensare
37	日		Pittogramma del sole
38	白		Sole (carattere #37) con tratto corto indicante l'inizio della sua ascensione
39	勺		Pittogramma di un cucchiaio
40	的		Alcuna spiegazione breve è possibile, bisogna conoscere questo carattere
41	百		Uno (carattere #1) e bianco (carattere #38) suggeriscono un numero grande
42	是		Alla luce del giorno (carattere #37)

#	CARATTERE	SIGNIFICATO	DESCRIZIONE E SPIEGAZIONE
43	早		Sole (carattere #37) che sale nel cielo
44	昨		Giorno (carattere #37) con indicazione di passato
45	口		Una bocca ; un'apertura come il ciglio di una porta o un'entrata ; come sempre, il cerchio è stato trasformato in quadrato il cui tracciato è più agevole per una persona che utilizza un pennello
46	喝		Una bocca (carattere #45) con 曷 fonetico (la fonetica sarà studiata più avanti)
47	禾		Un chicco di grano in cima a una pianta
48	和		Armonia tra grano e bocca
49	香		Miglio 禾 (carattere #47) e dolce 甘 (日)
50	吃		Una bocca (carattere #45) con un pittogramma che dà l'impressione che assorba qualcosa
51	品		Tre scatole (carattere #45) che rappresentano una pila di derrate commerciali ; lo si può trovare su numerosi cartelli commerciali
52	回		Due forme concentriche che simboleggiano un viaggio andata-ritorno

IL CINESE PRATICO

香水之城

Secondo il carattere cerchiato, qual è il fascino principale di questo villaggio : il suo paesaggio, il suo cielo blu o i suoi aromi ?

Secondo i due caratteri cerchiati, si tratta di un negozio di profumi, di un piccolo ristorante o di un cinema ?

Secondo i tre caratteri cerchiati, di che tipo di veicolo può trattarsi : berlina di lusso, 4x4 o auto sportiva ?

LEZIONE 4

Definizione	Quattro
Evoluzione del carattere	三 四 四 四
Ordine dei tratti	丨 冂 冂 四 四
Proverbio cinese	四海为家

Brian Stewart

CINESE TRADIZIONALE E CINESE SEMPLIFICATO

Al giorno d'oggi, il cinese scritto si divide in due forme attestate, chiamate 简体字 jiǎntǐzì (cinese semplificato) e 繁体字 fántǐzì (cinese tradizionale). Il cinese semplificato si è sviluppato nella Cina continentale per accelerare il tracciamento dei caratteri (di cui alcuni presentano fino a diverse dozzine di tratti !) e per facilitarne la memorizzazione.

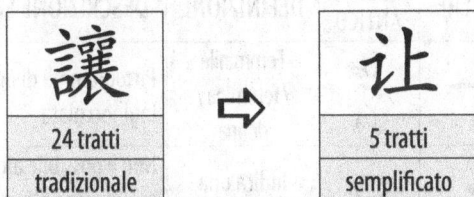

讓	⇨	让
24 tratti		5 tratti
tradizionale		semplificato

Le forme semplificate necessitano, per definizione, di meno tratti rispetto alle forme tradizionali. Ad esempio, il carattere 讓 « permette » illustrato qui sopra, è semplificato in 让, nel quale l'elemento fonetico (a destra) è ridotto da 17 tratti a solamente 3. Anche il radicale « parola », a sinistra, è semplificato.

Tuttavia, questo elemento fonetico continua ad essere utilizzato nella sua forma completa anche in cinese semplificato, in caratteri come 壤 « sole / terra » e 齉 « fiutare », poiché la contrazione dell'elemento fonetico in questi caratteri relativamente rari avrebbe rappresentato una riduzione trascurabile del numero di tratti.

D'altra parte, alcune forme semplificate sono solo delle abbreviazioni calligrafiche in uso da molto tempo, come ad esempio 万 « diecimila », di cui la forma tradizionale è 萬.

Il cinese semplificato è la scrittura utilizzata nella Repubblica Popolare Cinese, a Singapore e in Malesia, mentre si scrive in cinese tradizionale a Hong-Kong, Taiwan, Macao e nelle comunità cinesi d'oltremare (eccetto Singapore e Malesia.)

LISTA DEI CARATTERI CINESI DA #53 A #76

Questa lista introduce alcuni caratteri cinesi molto usati, la cui maggior parte possiede un senso proprio. Possono inoltre essere utilizzati come radicali ed entrare nella composizione di caratteri più complessi. Dopo questa lezione, sarete in grado di indentificare alcuni di questi caratteri complessi, anche se non li avete ancora studiati.

#	CARATTERE	FORMA ANTICO	DEFINIZIONE	DESCRIZIONE E SPIEGAZIONE
53	女	娄	Femminile / femmina / donna	Pittogramma di una donna inginocchiata
54	了	𠄌	Indica una nozione temporale	Non è possibile alcuna spiegazione breve, ma è importante conoscere questo carattere
55	子	㠯	Figlio / bambino / seme / cosa piccola	Bambino in fasce
56	好	㛐	Buono / bene / adatto / buono per	Donna (carattere #53) con bebè (carattere #55), suggerendo il bene e il buono
57	安	安	Soddisfatto / calmo / tranquillo / sicurezza / al sicuro	Donna (carattere #53) sotto un tetto, suggerendo la pace
58	字	字	Lettera / simbolo / carattere	Lo scritto è tradizionalmente trattato con riverenza ; qui, è simbolizzato da un bebè (carattere #55) sotto un tetto
59	家	家	Casa / famiglia / classificatore per famiglie o aziende	Un tetto con dei maiali, suggerendo il focolare familiare

#	CARATTERE	FORMA ANTICO	DEFINIZIONE	DESCRIZIONE E SPIEGAZIONE
60	妈	嫣	Mamma	Donna (carattere #53) con 马 (carattere #163) fonetico (la fonetica sarà studiata più avanti) (t : 媽)
61	吗	嗎	Utilizzato come punto interrogativo	Bocca (carattere #45) con 马 (carattere #163), fonetico (la fonetica sarà studiata più avanti) (t : 嗎)
62	骂	䈬	Rimproverare / maltrattare	Due bocche (carattere #45) con 马 (carattere #163) fonetico (la fonetica sarà studiata più avanti) suggerendo delle urla (t : 罵)
63	石	𠙼	Roccia / scoglio / pietra	Un blocco di pietra estratto da una parete rocciosa, come in una cava
64	码	碼	Numero / codice / peso	Una pietra (carattere #63) con 马 (carattere #163) fonetico (la fonetica sarà studiata più avanti) (t : 碼)
65	田	田	Campo / fattoria	Terra divisa in appezzamenti
66	力	𠄌	Forza / potenziale / (il) potere / potenza	Pittogramma che suggerisce la forza (t : 辨)
67	办	辧	Fare / dirigere / farsi carico di	Utilizzo della forza (carattere #66) per produrre qualcosa (da lì i due punti)
68	为	𤳆	Perché / siccome / a causa di	(t : 為) Non è possibile alcuna spiegazione breve, ma è importante conoscere questo carattere
69	男	𤰔	Maschio	Campo (carattere #65) e forza (carattere #66), suggerendo il lavoro degli uomini
70	果	𣏸	Frutto	Frutti in cima ad un albero 木 (carattere #28)

#	CARATTERE	FORMA ANTICO	DEFINIZIONE	DESCRIZIONE E SPIEGAZIONE
71	门	門	Porta / portone / entrata	Pittogramma di una porta doppia (t : 門)
72	们	們	Marca del plurale dei nomi	Persona con 门 (carattere #71) fonetico (la fonetica sarà studiata più avanti), suggerendo il plurale (t : 們)
73	问	問	Chiedere / fare una domanda	Una bocca (carattere #45) davanti alla porta (carattere #71) che fa una domanda (t : 問)
74	间	閒	Tra (in mezzo a) / fra / spazio	Raggio di luce che passa attraverso la porta (carattere #71) (t : 間)
75	买	買	Comprare	In origine, una rete / borsa con dentro dei soldi per fare acquisti (t : 買)
76	卖	賣	Vendere / tradire / non siparmiare i propri sforzi	Acquisto (carattere #75) in uscita, dunque vendita (t : 賣)

Tabella 5 : Lista dei caratteri cinesi 53 a 76

LEZIONE 4 : ORDINE DEI TRATTI E PRATICA

La tabella qui sotto mostra l'ordine e la direzione dei tratti per ognuno dei caratteri introdotti in questa lezione. Ora sta a voi !

女	女	人	女				
了	一	了					
子	了	子					
好	女	好					
安	丶	宀	宀	安			

字	宀	字							
家	宀	宀	宀	宁	字	家	家		
妈	女	奶	妈	妈					
吗	口	吗	吗						
骂	口	罒	骂						
石	一	丆	石						
码	石	码	码						
田	冂	用	田						
力	𠃌	力							
办	力	办	办						
为	、	丿	为	为					
男	田	男							
果	日	果							
门	丶	门	门						
们	亻	们							
问	门	问							
间	门	间							
买	乛	乛	乛	买					
卖	十	卖							

LEZIONE 4 : TEST 1

Nella tabella qui sotto, e senza guardare quello che abbiamo appena studiato, tracciate ogni carattere cinese in base al suo significato.

#	CARATTERE	SIGNIFICATO	DESCRIZIONE E SPIEGAZIONE
53		Femminile / femmina / donna	Pittogramma di una donna inginocchiata
54		Indica una nozione temporale	Non è possibile alcuna spiegazione breve, ma è importante conoscere questo carattere
55		Figlio / bambino / seme / cosa piccola	Bambino in fasce
56		Buono / bene / adatto / buono per	Donna (carattere #53) con bebè (carattere #55), suggerendo il bene e il buono
57		Soddisfatto / calmo / tranquillo / sicurezza / al sicuro	Donna (carattere #53) sotto un tetto, suggerendo la pace
58		Lettera / simbolo / carattere	Lo scritto è tradizionalmente trattato con riverenza ; qui, è simbolizzato da un bebè (carattere #55) sotto un tetto
59		Casa / famiglia / classificatore per famiglie o aziende	Un tetto con dei maiali, suggerendo il focolare familiare
60		Mamma	Donna (carattere #53) con 马 (carattere #163) fonetico (la fonetica sarà studiata più avanti) (t : 媽)

#	CARATTERE	SIGNIFICATO	DESCRIZIONE E SPIEGAZIONE
61		Utilizzato come punto interrogativo	Bocca (carattere #45) con 马 (carattere #163), fonetico (la fonetica sarà studiata più avanti) (t : 嗎)
62		Rimproverare / maltrattare	Due bocche (carattere #45) con 马 (carattere #163) fonetico (la fonetica sarà studiata più avanti) suggerendo delle urla (t : 罵)
63		Roccia / scoglio / pietra	Un blocco di pietra estratto da una parete rocciosa, come in una cava
64		Numero / codice / peso	Una pietra (carattere #63) con 马 (carattere #163) fonetico (la fonetica sarà studiata più avanti) (t : 碼)
65		Campo / fattoria	Terra divisa in appezzamenti
66		Forza / potenziale / (il) potere / potenza	Pittogramma che suggerisce la forza (t : 辦)
67		Fare / dirigere / farsi carico di	Utilizzo della forza (carattere #66) per produrre qualcosa (da lì i due punti)
68		Perché / siccome / a causa di	(t : 為) Non è possibile alcuna spiegazione breve, ma è importante conoscere questo carattere

#	CARATTERE	SIGNIFICATO	DESCRIZIONE E SPIEGAZIONE
69		Maschio	Campo (carattere #65) e forza (carattere #66), suggerendo il lavoro degli uomini
70		Frutto	Frutti in cima ad un albero 木 (carattere #28)
71		Porta / portone / entrata	Pittogramma di una porta doppia (t : 門)
72		Marca del plurale dei nomi	Persona con 门 (carattere #71) fonetico (la fonetica sarà studiata più avanti), suggerendo il plurale (t : 們)
73		Chiedere / fare una domanda	Una bocca (carattere #45) davanti alla porta (carattere #71) che fa una domanda (t : 問)
74		Tra (in mezzo a) / fra / spazio	Raggio di luce che passa attraverso la porta (carattere #71) (t : 間)
75		Comprare	In origine, una rete / borsa con dentro dei soldi per fare acquisti (t : 買)
76		Vendere / tradire / non siparmiare i propri sforzi	Acquisto (carattere #75) in uscita, dunque vendita (t : 賣)

LEZIONE 4 : TEST 2

Nella tabella qui sotto, e senza guardare quello che abbiamo appena studiato, trascrivete il significato di ogni carattere cinese.

#	CARATTERE	SIGNIFICATO	DESCRIZIONE E SPIEGAZIONE
53	女		Pittogramma di una donna inginocchiata
54	了		Non è possibile alcuna spiegazione breve, ma è importante conoscere questo carattere
55	子		Bambino in fasce
56	好		Donna (carattere #53) con bebè (carattere #55), suggerendo il bene e il buono
57	安		Donna (carattere #53) sotto un tetto, suggerendo la pace
58	字		Lo scritto è tradizionalmente trattato con riverenza ; qui, è simbolizzato da un bebè (carattere #55) sotto un tetto
59	家		Un tetto con dei maiali, suggerendo il focolare familiare
60	妈		Donna (carattere #53) con 马 (carattere #163) fonetico (la fonetica sarà studiata più avanti) (t : 媽)

#	CARATTERE	SIGNIFICATO	DESCRIZIONE E SPIEGAZIONE
61	吗		Bocca (carattere #45) con 马 (carattere #163), fonetico (la fonetica sarà studiata più avanti) (t : 嗎)
62	骂		Due bocche (carattere #45) con 马 (carattere #163) fonetico (la fonetica sarà studiata più avanti) suggerendo delle urla (t : 罵)
63	石		Un blocco di pietra estratto da una parete rocciosa, come in una cava
64	码		Una pietra (carattere #63) con 马 (carattere #163) fonetico (la fonetica sarà studiata più avanti) (t : 碼)
65	田		Terra divisa in appezzamenti
66	力		Pittogramma che suggerisce la forza (t : 辦)
67	办		Utilizzo della forza (carattere #66) per produrre qualcosa (da lì i due punti)
68	为		(t : 為) Non è possibile alcuna spiegazione breve, ma è importante conoscere questo carattere
69	男		Campo (carattere #65) e forza (carattere #66), suggerendo il lavoro degli uomini
70	果		Frutti in cima ad un albero 木 (carattere #28)
71	门		Pittogramma di una porta doppia (t : 門)

#	CARATTERE	SIGNIFICATO	DESCRIZIONE E SPIEGAZIONE
72	们		Persona con 门 (carattere #71) fonetico (la fonetica sarà studiata più avanti), suggerendo il plurale (t : 們)
73	问		Una bocca (carattere #45) davanti alla porta (carattere #71) che fa una domanda (t : 問)
74	间		Raggio di luce che passa attraverso la porta (carattere #71) (t : 間)
75	买		In origine, una rete / borsa con dentro dei soldi per fare acquisti (t : 買)
76	卖		Acquisto (carattere #75) in uscita, dunque vendita (t : 賣)

IL CINESE PRATICO

男 → ← 女
BAGNO

Da che parte dovete andare ?

In base al carattere cerchiato, cosa si vende principalmente in questo commercio ? (Nota : conoscete già 4 dei 5 caratteri presenti.)

回家

Dove va questo bambino ?

LEZIONE 5

Definizione	Cinque
Evoluzione del carattere	𝕏 ✕ ✕ 五
Ordine dei tratti	一 丁 丏 五
Proverbio cinese	五湖四海

COME CERCARE I SINOGRAMMI IN
UN DIZIONARIO DI CINESE

A PARTIRE DAI RADICALI

Sin dall'origine, la maggior parte dei dizionari cinesi è organizzata in base all'aspetto visivo di alcuni elementi dei caratteri. Tali elementi si chiamano « radicali ». Questo approccio visivo è molto logico, dal momento che la maggior parte dei caratteri cinese non è fonetica (non possiamo dire come si pronunciano semplicemente guardandoli). Sotto ad ogni carattere, nei dizionari troviamo delle liste di composti e frasi che iniziano con quel carattere. Per esempio, la parola cinese per Cina è « Zhongguo » 中国, che appare sotto il carattere zhong 中.

A PARTIRE DAL NUMERO DI TRATTI

Molti dizionari (in particolare i dizionari specializzati) elencano i caratteri in base al numero di tratti. È sufficiente contare il numero di tratti del carattere di cui vogliamo conoscere il senso, e cercarlo sotto quel numero. Siccome esistono molti caratteri che presentano dai 5 ai 13 tratti, la lista è divisa in sottosezioni in base alla natura del primo tratto tracciato. Esistono così 5 sottosezioni : primo tratto orizzontale ⼀, verticale ⼁, slash ⼃, punto ⼂, o ancora primo tratto con gancio ⼄.

A PARTIRE DALLA PRONUNCIA

Il corpus di dizionari della Cina continentale è sempre più spesso organizzato in base alla pronuncia, così com'è definita nel sistema pinyin (consultate « Dialetti, suoni, trasposizione in caratteri latini e prestiti per ragioni fonetiche » a pagina 110). Se sapete come si pronuncia il carattere che cercate (questa situazione è frequente quando il nuovo composto inizia con un primo carattere familiare), questo tipo di dizionario permette di trovarlo molto rapidamente.

LISTRA DEI CARATTERU CINESI #77 A #99

Non abbiamo ancora introdotto i suoni corrispondenti ad ogni carattere, ma per ognuno di quelli presentati in questa lezione potete già provare a trovarne la definizione in un dizionario cinese che utilizza un indice secondo i radicali, o un indice secondo il numero di tatti.

Questo compito vi familiarizzerà con i radicali e con il conteggio dei tratti, il che costituisce un eccellente esercizio di memorizzazione.

#	CARATTERE	FORMA ANTICO	DEFINIZIONE	DESCRIZIONE E SPIEGAZIONE
77	又		Ancora (una volta) / anche / allo stesso tempo « x » e « y » / di nuovo	Pittogramma che suggerisce un dondolio avanti e indietro ; rappresenta anche una mano destra
78	双		Due / doppio / paio / tutti e due	Due 又 (carattere #77) che suggerisce il raddoppio (t : 雙)
79	友		Amico / amichevole	Due mani destre (modificate) che lavorano insieme, suggerendo l'amicizia
80	没		(prefisso negativo per i verbi) / non avere / non…	Nessuna spiegazione breve è possibile, ma è importante conoscere questo carattere (t : 沒)
81	刀		Coltello	Un'accetta (a manico molto corto), una mezzaluna (strumento)
82	米		Riso	Due chicchi in cima ad un albero (carattere #28), una pianta
83	来		Venire / arrivare / avvicinarsi	Pittogramma di una spiga di grano (carattere #46) pesante, maturo, suggerendo « che sta arrivando » o
84	粉		Polvere / tagliatelle o pasta (alimento) / rosa (colore)	Coltello (carattere #81) che taglia dei chicchi di riso (carattere #82), producendo delle particelle

#	CARATTERE	FORMA ANTICO	DEFINIZIONE	DESCRIZIONE E SPIEGAZIONE
85	水		Acqua / fiume / liquido	Ruscelli che scorrono insieme
86	冰		Ghiaccio	Radicale ghiaccio 冫 e acqua 水 (carattere #85)
87	汁		Succo	Acqua (carattere #85) con 十 (carattere #4) fonetico (la fonetica sarà studiata più avanti)
88	千		Chilo / mille	Dieci 十 (carattere #4) volte la durata della vita di una persona 人 (carattere #5)
89	开		Aprire / iniziare / accendere / bollire	Nessuna spiegazione breve è possibile, ma è importante conoscere questo carattere (t : 開)
90	古		Antico / vecchio	Dieci 十 (carattere #4) e delle bocche 口 (carattere #45), suggerendo dieci generazioni
91	舌		Lingua	Una bocca (carattere #45) con qualcosa che ne fuoriesce ; una lingua
92	话		Linguaggio / lingua / parola	Radicale linguaggio 讠 e lingua 舌 (carattere #91), suggerendo delle parole (t : 話)
93	活		Vivere / vivente / vivo / lavoro	Radicale acqua 氵 con 舌 (carattere #91) fonetico (la fonetica sarà studiata più avanti), suggerendo la vitalità
94	月		Mese / luna	Pittogramma di una luna crescente

#	CARATTERE	FORMA ANTICO	DEFINIZIONE	DESCRIZIONE E SPIEGAZIONE
95	朋	拜	Amico	Due lune (carattere #94), che suggeriscono l'amicizia
96	明	日月	Chiaro / brillate / comprendere	Sole e luna insieme, brillando doppiamente
97	有	㞢	Avere / c'è / esistere	Pittogramma di una mano (carattere #77) che tiene qualcosa
98	今	𠆢	Oggi / moderno / presente / attuale	Pittogramma di un antico carattere che suggeriva l'unione ; ora, il presente
99	冷	㝥	Freddo	Radicale ghiaccio 冫 (cfr. carattere #86) con 今 fonetico (la fonetica sarà studiata più avanti)

Tabella 6 : Lista dei caratteri cinesi da 77 a 99

LEZIONE 5 : ORDINE DEI TRATTI E PRATICA

La tabella qui sotto mostra l'ordine e la direzione dei tratti per ognuno dei caratteri introdotti in questa lezione.

Ora sta a voi !

又	フ	又						
双	又	双						
友	𠂇	友						
没	丶	冫	氵	沪	汮	没		

刀	𠃌	刀						
米	丶	丷	兰	半	米	米		
来	一	来						
粉	米	米	籸	粉				
水	亅	水	水	水				
冰	丶	冫	冰					
汁	氵	汁						
千	一	千						
开	一	二	开	开				
古	十	古						
舌	一	舌						
话	丶	讠	话					
活	氵	活						
月	丿	刀	月	月				
朋	月	朋						
明	日	明						
有	𠂇	有						
今	人	仐	今					
冷	冫	冷	冷					

LEZIONE 5 : TEST 1

Nella tabella qui sotto, e senza guardare quello che abbiamo appena studiato, tracciate ogni carattere cinese in base al suo significato.

#	CARATTERE	SIGNIFICATO	DESCRIZIONE E SPIEGAZIONE
77		Ancora (una volta) / anche / allo stesso tempo « x » e « y » / di nuovo	Pittogramma che suggerisce un dondolio avanti e indietro ; rappresenta anche una mano destra
78		Due / doppio / paio / tutti e due	Due 又 (carattere #77) che suggerisce il raddoppio (t : 雙)
79		Amico / amichevole	Due mani destre (modificate) che lavorano insieme, suggerendo l'amicizia
80		(prefisso negativo per i verbi) / non avere / non...	Nessuna spiegazione breve è possibile, ma è importante conoscere questo carattere (t : 沒)
81		Coltello	Un'accetta (a manico molto corto), una mezzaluna (strumento)
82		Riso	Due chicchi in cima ad un albero (carattere #28), una pianta
83		Venire / arrivare / avvicinarsi	Pittogramma di una spiga di grano (carattere #46) pesante, maturo, suggerendo « che sta arrivando » o
84		Polvere / tagliatelle o pasta (alimento) / rosa (colore)	Coltello (carattere #81) che taglia dei chicchi di riso (carattere #82), producendo delle particelle

#	CARATTERE	SIGNIFICATO	DESCRIZIONE E SPIEGAZIONE
85		Acqua / fiume / liquido	Ruscelli che scorrono insieme
86		Ghiaccio	Radicale ghiaccio 冫 e acqua 水 (carattere #85)
87		Succo	Acqua (carattere #85) con 十 (carattere #4) fonetico (la fonetica sarà studiata più avanti)
88		Chilo / mille	Dieci 十 (carattere #4) volte la durata della vita di una persona 人 (carattere #5)
89		Aprire / iniziare / accendere / bollire	Nessuna spiegazione breve è possibile, ma è importante conoscere questo carattere (t : 開)
90		Antico / vecchio	Dieci 十 (carattere #4) e delle bocche 口 (carattere #45), suggerendo dieci generazioni
91		Lingua	Una bocca (carattere #45) con qualcosa che ne fuoriesce ; una lingua
92		Linguaggio / lingua / parola	Radicale linguaggio 讠 e lingua 舌 (carattere #91), suggerendo delle parole (t : 話)

#	CARATTERE	SIGNIFICATO	DESCRIZIONE E SPIEGAZIONE
93		Vivere / vivente / vivo / lavoro	Radicale acqua 氵 con 舌 (carattere #91) fonetico (la fonetica sarà studiata più avanti), suggerendo la vitalità
94		Mese / luna	Pittogramma di una luna crescente
95		Amico	Due lune (carattere #94), che suggeriscono l'amicizia
96		Chiaro / brillate / comprendere	Sole e luna insieme, brillando doppiamente
97		Avere / c'è / esistere	Pittogramma di una mano (carattere #77) che tiene qualcosa
98		Oggi / moderno / presente / attuale	Pittogramma di un antico carattere che suggeriva l'unione ; ora, il presente
99		Freddo	Radicale ghiaccio 冫 (cfr. carattere #86) con 令 fonetico (la fonetica sarà studiata più avanti)

LEZIONE 5 : TEST 2

Nella tabella qui sotto, e senza guardare quello che abbiamo appena studiato, trascrivete il significato di ogni carattere cinese.

#	CARATTERE	SIGNIFICATO	DESCRIZIONE E SPIEGAZIONE
77	又		Pittogramma che suggerisce un dondolio avanti e indietro ; rappresenta anche una mano destra
78	双		Due 又 (carattere #77) che suggerisce il raddoppio (t : 雙)
79	友		Due mani destre (modificate) che lavorano insieme, suggerendo l'amicizia
80	没		Nessuna spiegazione breve è possibile, ma è importante conoscere questo carattere (t : 沒)
81	刀		Un'accetta (a manico molto corto), una mezzaluna (strumento)
82	米		Due chicchi in cima ad un albero (carattere #28), una pianta
83	来		Pittogramma di una spiga di grano (carattere #46) pesante, maturo, suggerendo « che sta arrivando » o
84	粉		Coltello (carattere #81) che taglia dei chicchi di riso (carattere #82), producendo delle particelle
85	水		Ruscelli che scorrono insieme

#	CARATTERE	SIGNIFICATO	DESCRIZIONE E SPIEGAZIONE
86	冰		Radicale ghiaccio 冫 e acqua 水 (carattere #85)
87	汁		Acqua (carattere #85) con 十 (carattere #4) fonetico (la fonetica sarà studiata più avanti)
88	千		Dieci 十 (carattere #4) volte la durata della vita di una persona 人 (carattere #5)
89	开		Nessuna spiegazione breve è possibile, ma è importante conoscere questo carattere (t : 開)
90	古		Dieci 十 (carattere #4) e delle bocche 口 (carattere #45), suggerendo dieci generazioni
91	舌		Una bocca (carattere #45) con qualcosa che ne fuoriesce ; una lingua
92	话		Radicale linguaggio 讠 e lingua 舌 (carattere #91), suggerendo delle parole (t : 話)
93	活		Radicale acqua 氵 con 舌 (carattere #91) fonetico (la fonetica sarà studiata più avanti), suggerendo la vitalità
94	月		Pittogramma di una luna crescente
95	朋		Due lune (carattere #94), che suggeriscono l'amicizia
96	明		Sole e luna insieme, brillando doppiamente

#	CARATTERE	SIGNIFICATO	DESCRIZIONE E SPIEGAZIONE
97	有		Pittogramma di una mano (carattere #77) che tiene qualcosa
98	今		Pittogramma di un antico carattere che suggeriva l'unione ; ora, il presente
99	冷		Radicale ghiaccio 冫 (cfr. carattere #86) con 令 fonetico (la fonetica sarà studiata più avanti)

IL CINESE PRATICO

In base ai due caratteri cerchiati, quale messaggio viene trasmesso nell'immagine ?

Osservate i due caratteri cerchiati : che prodotto è analizzato in questo rapporto finanziario ?

In base ai caratteri cerchiati « 粉 », cosa sta probabilmente per fare quest'uomo ?

LEZIONE 6

六

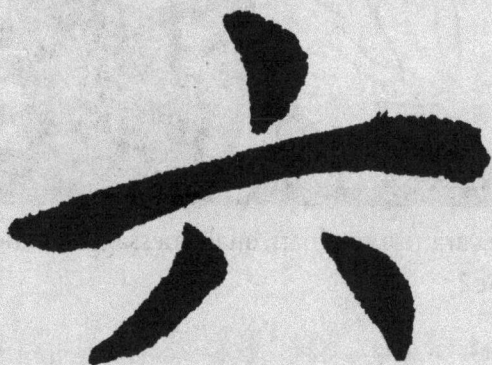

Definizione	Sei
Evoluzione del carattere	介 介 史 六
Ordine dei tratti	丶 亠 亣 六
Proverbio cinese	六六大顺

I « CARATTERI » SONO « PAROLE » ?

Il carattere rappresenta per i cinesi l'unità più importante della lingua scritta, la quale è d'altronde analizzata per la maggior parte del tempo in termini di caratteri (字). Effettivamente, le frasi sono costituite da catene ininterrotte di caratteri monosillabici, di cui ognuno possiede un senso proprio. Per questa ragione, il cinese è considerato da molte persone come una lingua composta esclusivamente di parole monosillabiche. Tuttavia, se questa percezione si rivela esatta per la lingua classica, la situazione non è la stessa per il cinese moderno.

Ci sono molte parole monosillabiche in cinese, esattamente come nelle altre lingue.

Ecco qui qualche esempio :

PAROLA	SIGNIFICATO	PAROLA	SIGNIFICATO
山	Montagna	狗	Cane
人	Persona	快	Rapido, veloce
吃	Mangiare	看	Vedere

Pertanto, ogni carattere non costituisce una parola completa : esistono un'enorme quantità di parole costituite da diverse sillabe (per la maggioranza due sillabe).

E, per definizione, una parola monosemica composta da diverse sillabe non può dividersi in elementi più piccoli senza perdere il suo senso. Qualche esempio :

PAROLA	SIGNIFICATO
葡萄	Uva
玫瑰	Rosa
玻璃	vetro

LISTA DEI CARATTERI CINESI DA #100 A #130

Non abbiamo ancora introdotto i suoni corrispondenti ad ogni carattere, ma per ognuno di quelli presentati in questa lezione potete già provare a trovarne la definizione in un dizionario cinese che utilizza un indice secondo i radicali, o un indice secondo il numero di tatti.

Questo compito vi familiarizzerà con i radicali e con il conteggio dei tratti, il che costituisce un eccellente esercizio di memorizzazione.

#	CARATTERE	FORMA ANTICO	DEFINIZIONE	DESCRIZIONE E SPIEGAZIONE
100	户	白	Una famiglia / una porta	Pittogramma dell'anta di una porta, che rappresenta una famiglia
101	万	丂	Diecimila / un gran numero	La forma tradizionale è 萬 ; la forma moderna non ha una relazione diretta con il significato della sua forma originale
102	方	屮	Direzione / quadrato / verticale / un lato / posto / luogo	Pittogramma di un uomo che mostra una direzione
103	房	屌	Casa / stanza / camera	Pittogramma di una famiglia (carattere #100) e di un luogo (carattere #102)
104	上	二	Verso l'alto / in alto / sopra	Simbolo di qualcosa che si trova sopra, o che indica l'alto
105	下	二	Verso il basso / in basso / sotto	Il contrario del carattere #104 ; sotto
106	卡	乇	Carta / fermarsi / bloccare	Pittogramma di un dispositivo che ha lo scopo di impedire a qualcosa di salire (carattere #104) o di scendere (carattere #105), che rappresenta una carta

#	CARATTERE	FORMA ANTICO	DEFINIZIONE	DESCRIZIONE E SPIEGAZIONE
107	直		Dritto / verticale / diretto / franco / raddrizzare	Dieci (carattere #4), occhi (carattere #33) che guardano qualcosa e suggeriscono un modo franco, diretto
108	具		Attrezzo / abilità / capacità / possedere	Pittogramma che rappresenta un attrezzo
109	真		Realmente / veramente / in verità / reale / vero /	Il pittogramma antico suggerisce la reale natura, la verità di qualcosa che sarebbe stata svelata, rivelata
110	寸		Un'unità di lunghezza / pollice	Pittogramma di una mano con un attrezzo, che simboleggia una misura o un'unità
111	对		Corretto / giusto / pari / essere / opposto / « x » contro « y » / verticale	Mano (carattere #77) e misura (carattere #110), suggerenti esattezza (t : 對)
112	过		Traduce un vissuto, una esperienza / traversare / sormontare / passare (tempo)	Radicale di movimento 辶 e misura (carattere #110), che suggerisce il passare del tempo (t : 過)
113	时		Ora esatta / ora / quando / periodo / del tempo	Giorno del mese (carattere #37) e misura (carattere #110), che suggerisce una precisione temporale (t : 時)
114	村		Villaggio	Bosco (carattere #28) con 寸 fonetico (la fonetica sarà studiata più avanti)
115	树		Albero	Bosco (carattere #28) e verticale (carattere #111) (t : 樹)
116	贝		Conchiglie / denaro (moneta)	Pittogramma di una conchiglia (t : 貝)

#	CARATTERE	FORMA ANTICO	DEFINIZIONE	DESCRIZIONE E SPIEGAZIONE
117	见	𥆞	Vedere / incontrare / apparire	Un occhio 目 (carattere #33) sopra a una persona 儿 (t : 見)
118	贵	𧴪	Caro / oneroso / nobile	Pittogramma di un cestino pieno di denaro (conchiglie) (t : 貴)
119	现	現	Sembrare / mostrarsi / (essere) presente / esistere / attuale	Giada 玉 che può essere vista (carattere #117) (t : 現)
120	立	立	In piedi / eretto / innalzato	Persona in piedi
121	产	產	Fare nascere / riprodursi / produrre / (un) prodotto	La forma tradizionale 產 che suggerisce la nascita con 厂 fonetico (la fonetica sarà studiata più avanti)
122	位	位	Posizione / luogo / posto / sede	Una persona (carattere #5) in piedi in un posto determinato (carattere #120)
123	站	站	Posizione / essere là / fare sosta / fermarsi	Essere in piedi con 占 (carattere #17) fonetico (la fonetica sarà studiata più avanti)
124	小	小	Piccolo / minuscolo / qualche / giovane	Un oggetto rotto in due pezzettini
125	少	少	Poco / raro / penuria / giovane	Sottrazione supplementare a qualcosa che è già piccolo (carattere #124)
126	尖	尖	Punta (d'ago) / appuntito / acuto / acutito	Piccolo 小 (carattere #124) e grande 大 (carattere #7)
127	夕	夕	Crepuscolo / sera	Pittogramma di una luna crescente

#	CARATTERE	FORMA ANTICO	DEFINIZIONE	DESCRIZIONE E SPIEGAZIONE
128	多	㗊	Molto / delle quantità / dei mucchi	Molte lune (carattere #127)
129	名	𠮛	Nome (proprio) / nome comune / celebre / conosciuto	S'identifica nel nero (crepuscolo, carattere #127), dicendo il suo nome
130	句	⛧	Frase / espressione / locuzione	Pittogramma che suggerisce parole che escono da una bocca 口 e che formano una frase

Tabella 7 : Lista dei caratteri cinesi da 100 a 130

LEZIONE 6 : ORDINE DEI TRATTI E PRATICA

La tabella qui sotto mostra l'ordine e la direzione dei tratti per ognuno dei caratteri introdotti in questa lezione. Ora tocca a voi !

户	丶	㇆	彐	户			
万	一	丁	万				
方	丶	方					
房	户	房					
上	丨	上	上				
下	一	下	丁				
卡	上	卡	卡				
直	一	十	直	直			

具	目	具	具					
真	直	真	真					
寸	一	寸	寸					
对	又	对						
过	寸	寸	讨	过				
时	日	时						
村	木	村						
树	木	树						
贝	丨	冂	贝	贝				
见	贝	见						
贵	一	虫	虫	贵				
现	王	现						
立	丶	亠	亠	立	立			
产	立	产						
位	亻	位						
站	立	站						
小	亅	小	小					
少	小	少						
尖	小	尖						
夕	勹	勹	夕					
多	夕	多						

名	夕	名							
句	勹	句							

LEZIONE 6 : TEST 1

Nella tabella qui sotto, e senza guardare quello che abbiamo appena studiato, tracciate ogni carattere cinese in base al suo significato.

#	CARATTERE	SIGNIFICATO	DESCRIZIONE E SPIEGAZIONE
100		Una famiglia / una porta	Pittogramma dell'anta di una porta, che rappresenta una famiglia
101		Diecimila / un gran numero	La forma tradizionale è 萬 ; la forma moderna non ha una relazione diretta con il significato della sua forma originale
102		Direzione / quadrato / verticale / un lato / posto / luogo	Pittogramma di un uomo che mostra una direzione
103		Casa / stanza / camera	Pittogramma di una famiglia (carattere #100) e di un luogo (carattere #102)
104		Verso l'alto / in alto / sopra	Simbolo di qualcosa che si trova sopra, o che indica l'alto
105		Verso il basso / in basso / sotto	Il contrario del carattere #104 ; sotto

#	CARATTERE	SIGNIFICATO	DESCRIZIONE E SPIEGAZIONE
106		Carta / fermarsi / bloccare	Pittogramma di un dispositivo che ha lo scopo di impedire a qualcosa di salire (carattere #104) o di scendere (carattere #105), che rappresenta una carta
107		Dritto / verticale / diretto / franco / raddrizzare	Dieci (carattere #4), occhi (carattere #33) che guardano qualcosa e suggeriscono un modo franco, diretto
108		Attrezzo / abilità / capacità / possedere	Pittogramma che rappresenta un attrezzo
109		Realmente / veramente / in verità / reale / vero /	Il pittogramma antico suggerisce la reale natura, la verità di qualcosa che sarebbe stata svelata, rivelata
110		Un'unità di lunghezza / pollice	Pittogramma di una mano con un attrezzo, che simboleggia una misura o un'unità
111		Corretto / giusto / pari / essere / opposto / «x» contro «y» / verticale	Mano (carattere #77) e misura (carattere #110), suggerenti esattezza (t : 對)
112		Traduce un vissuto, una esperienza / traversare / sormontare / passare (tempo)	Radicale di movimento ⻌ e misura (carattere #110), che suggerisce il passare del tempo (t : 過)
113		Ora esatta / ora / quando / periodo / del tempo	Giorno del mese (carattere #37) e misura (carattere #110), che suggerisce una precisione temporale (t : 時)

#	CARATTERE	SIGNIFICATO	DESCRIZIONE E SPIEGAZIONE
114		Villaggio	Bosco (carattere #28) con 寸 fonetico (la fonetica sarà studiata più avanti)
115		Albero	Bosco (carattere #28) e verticale (carattere #111) (t : 樹)
116		Conchiglie / denaro (moneta)	Pittogramma di una conchiglia (t : 貝)
117		Vedere / incontrare / apparire	Un occhio 目 (carattere #33) sopra a una persona 儿 (t : 見)
118		Caro / oneroso / nobile	Pittogramma di un cestino pieno di denaro (conchiglie) (t : 貴)
119		Sembrare / mostrarsi / (essere) presente / esistere / attuale	Giada 玉 che può essere vista (carattere #117) (t : 現)
120		In piedi / eretto / innalzato	Persona in piedi
121		Fare nascere / riprodursi / produrre / (un) prodotto	La forma tradizionale 産 che suggerisce la nascita con 厂 fonetico (la fonetica sarà studiata più avanti)
122		Posizione / luogo / posto / sede	Una persona (carattere #5) in piedi in un posto determinato (carattere #120)

#	CARATTERE	SIGNIFICATO	DESCRIZIONE E SPIEGAZIONE
123		Posizione / essere là / fare sosta / fermarsi	Essere in piedi con 占 (carattere #17) fonetico (la fonetica sarà studiata più avanti)
124		Piccolo / minuscolo / qualche / giovane	Un oggetto rotto in due pezzettini
125		Poco / raro / penuria / giovane	Sottrazione supplementare a qualcosa che è già piccolo (carattere #124)
126		Punta (d'ago) / appuntito / acuto / acutito	Piccolo 小 (carattere #124) e grande 大 (carattere #7)
127		Crepuscolo / sera	Pittogramma di una luna crescente
128		Molto / delle quantità / dei mucchi	Molte lune (carattere #127)
129		Nome (proprio) / nome comune / celebre / conosciuto	S'identifica nel nero (crepuscolo, carattere #127), dicendo il suo nome
130		Frase / espressione / locuzione	Pittogramma che suggerisce parole che escono da una bocca 口 e che formano una frase

LEZIONE 6 : TEST 2

Nella tabella qui sotto, e senza guardare quello che abbiamo appena studiato, trascrivete il significato di ogni carattere cinese.

#	CARATTERE	SIGNIFICATO	DESCRIZIONE E SPIEGAZIONE
100	户		Pittogramma dell'anta di una porta, che rappresenta una famiglia
101	万		La forma tradizionale è 萬 ; la forma moderna non ha una relazione diretta con il significato della sua forma originale
102	方		Pittogramma di un uomo che mostra una direzione
103	房		Pittogramma di una famiglia (carattere #100) e di un luogo (carattere #102)
104	上		Simbolo di qualcosa che si trova sopra, o che indica l'alto
105	下		Il contrario del carattere #104 ; sotto
106	卡		Pittogramma di un dispositivo che ha lo scopo di impedire a qualcosa di salire (carattere #104) o di scendere (carattere #105), che rappresenta una carta
107	直		Dieci (carattere #4), occhi (carattere #33) che guardano qualcosa e suggeriscono un modo franco, diretto
108	具		Pittogramma che rappresenta un attrezzo

#	CARATTERE	SIGNIFICATO	DESCRIZIONE E SPIEGAZIONE
109	真		Il pittogramma antico suggerisce la reale natura, la verità di qualcosa che sarebbe stata svelata, rivelata
110	寸		Pittogramma di una mano con un attrezzo, che simboleggia una misura o un'unità
111	对		Mano (carattere #77) e misura (carattere #110), suggerenti esattezza (t : 對)
112	过		Radicale di movimento 辶 e misura (carattere #110), che suggerisce il passare del tempo (t : 過)
113	时		Giorno del mese (carattere #37) e misura (carattere #110), che suggerisce una precisione temporale (t : 時)
114	村		Bosco (carattere #28) con 寸 fonetico (la fonetica sarà studiata più avanti)
115	树		Bosco (carattere #28) e verticale (carattere #111) (t : 樹)
116	贝		Pittogramma di una conchiglia (t : 貝)
117	见		Un occhio 目 (carattere #33) sopra a una persona 儿 (t : 見)
118	贵		Pittogramma di un cestino pieno di denaro (conchiglie) (t : 貴)

#	CARATTERE	SIGNIFICATO	DESCRIZIONE E SPIEGAZIONE
119	现		Giada 玉 che può essere vista (carattere #117) (t : 現)
120	立		Persona in piedi
121	产		La forma tradizionale 產 che suggerisce la nascita con 厂 fonetico (la fonetica sarà studiata più avanti)
122	位		Una persona (carattere #5) in piedi in un posto determinato (carattere #120)
123	站		Essere in piedi con 占 (carattere #17) fonetico (la fonetica sarà studiata più avanti)
124	小		Un oggetto rotto in due pezzettini
125	少		Sottrazione supplementare a qualcosa che è già piccolo (carattere #124)
126	尖		Piccolo 小 (carattere #124) e grande 大 (carattere #7)
127	夕		Pittogramma di una luna crescente
128	多		Molte lune (carattere #127)
129	名		S'identifica nel nero (crepuscolo, carattere #127), dicendo il suo nome
130	句		Pittogramma che suggerisce parole che escono da una bocca 口 e che formano una frase

IL CINESE PRATICO

In base ai 2+1 caratteri cerchiati, a quale prodotto si riferiscono queste informazioni televisive ?

Rispetto al carattere segnalato quattro volte : a che prodotto si riferisce questo rapporto statistico ?

In base al carattere segnalato, dov'è stata scattata questa fotografia ?

LEZIONE 7

七

Definizione	Sette
Evoluzione del carattere	十 十 七 七
Ordine dei tratti	一 七
Proverbio cinese	七零八落

ESPRESSIONI IDIOMATICHE CINESI

I « chengyu » 成语, letteralmente « espressioni sacre », sono lo-cuzioni idiomatiche cinesi composte per la maggior parte da 4 caratteri. I chengyu erano utilizzati soprattutto nel cinese classico, ma sono rimasti comuni nel cinese scritto contemporaneo o nella lingua parlata attuale. Secondo le definizioni più rigide esistono circa 5000 chengyu in cinese, nonostante alcuni dizionari ne con-tino più di 20000.

I chengyu provengono quasi tutti dalla letteratura classica. Il loro significato globale va generalmente ben al di là della somma dei significati propri ad ognuno dei quattro caratteri. In effetti, i chengyu sono intimamente legati al mito, alla leggenda o al fatto storico che li ha originati. Inoltre, non seguono la struttura gram-maticale e la sintassi del cinese parlato moderno : sono al contrario estremamente densi e ricchi di significati.

I tre esempi che seguono mostrano che il senso della locuzione può essere totalmente modificato attraverso la sostituzione di un solo carattere.

一 (yí) 日 (rì) 千 (qiān) 秋 (qiū) : « Un giorno, mille autunni »
Senso profondo : si riferisce ad un'evoluzione rapida. In un giorno, tanti cambiamenti quanti in mille anni.

一 (yí) 日 (rì) 千 (qiān) 里 (lǐ) : « Un giorno, mille miglia »
Senso profondo : evoca una progressione rapida. Un viaggio di mille miglia in una giornata.

一 (yí) 日 (rì) 三 (sān) 秋 (qiū) : « Un giorno, tre autunni »
Senso profondo : quando qualcuno ci manca molto, un giorno può sembrare lungo tre anni.

LISTA DEI CARATTERI CINESI DA #131 A #156

La lista che segue presenta una selezione di caratteri che è assolutamente necessario conoscere per comunicare nel quotidiano. A differenza dei caratteri visti finora, alcuni di questi non sono direttamente correlati tra loro ; ciononostante, vi suggeriamo di studiarli molto attentamente, perché sono tanto importanti quanto « io », « tu », « essere », « avere » o altri strumenti linguistici basilari della lingua italiana.

#	CARATTERE	FORMA ANTICO	DEFINIZIONE	DESCRIZIONE E SPIEGAZIONE
131	不	丕	(prefisso negativo) / no / non	Nessuna spiegazione rapida è possibile, ma è necessario conoscere questo carattere
132	还	還	Ancora / in più / inoltre	Nessuna spiegazione rapida è possibile, ma è necessario conoscere questo carattere
133	看	眢	Vedere / guardare / visitare / dipende / pensare	Mano che protegge un occhio per vedere meglio, guardare
134	会	會	Essere capace o suscettibile di / potere / incontrare	Nessuna spiegazione rapida è possibile, ma è necessario conoscere questo carattere
135	我	犾	Io / il mio / la mia / i miei / le mie	Pittogramma di una mano che tiene una lancia
136	你	伱	Tu	Una persona (carattere #5) con 尔 fonetico (la fonetica sarà studiata più avanti)
137	也	也	Anche / ugualmente	Nessuna spiegazione rapida è possibile, ma è necessario conoscere questo carattere

#	CARATTERE	FORMA ANTICO	DEFINIZIONE	DESCRIZIONE E SPIEGAZIONE
138	地	坔	Terra / terreno / suolo / campo / -mento (suffisso avverbiale)	Suolo (carattere #13) con 也 fonetico (la fonetica sarà studiata più avanti)
139	他	伱	Lui	Una persona (carattere #5) con 也 fonetico (la fonetica sarà studiata più avanti)
140	她	𡜖	Lei	Una donna (carattere #53) con 也 fonetico (la fonetica sarà studiata più avanti)
141	它	𠃟	Lui, lei (soggetti neutri utilizzati per animali) / il, la, lo (complementi neutri)	Pittogramma di un serpente
142	东	東	Est / ospite / proprietario	La versione tradizionale è 東; il sole che sorge dietro ad un albero, quindi ad Est
143	南	𣢡	Sud	Pittogramma di un antico strumento musicale
144	西	⊕	Ovest	Pittogramma di un uccello che si appoggia per dormire, suggerendo il crepuscolo, quindi l'Ovest
145	北	𠨔	Nord	Pittogramma rappresentante due persone schiena contro schiena
146	要	𦥑	Volere / volontà / essere sul punto di / verbo dovere	Pittogramma rappresentante due mani che tengono una donna, «volere / desiderare»
147	前	肯	Prima / davanti / (10 anni) fa / precedente / di prima	Pittogramma che traduce un movimento in avanti, suggerendo anteriorità

#	CARATTERE	FORMA ANTICO	DEFINIZIONE	DESCRIZIONE E SPIEGAZIONE
148	后		Dietro / indietro / dopo / più tardi	Una persona (carattere #5) che si sporge in avanti per urlare (bocca, carattere #45) degli ordini (t : 後)
149	左		(a) sinistra	Mano (carattere #77) che aiuta al lavoro ; suggerisce una mano sinistra
150	右		(a) destra	Mano (carattere #77) che lavora, con una bocca ; suggerisce una mano destra
151	中		Centro / centrale / mezzo	Una freccia che trafigge il centro di un bersaglio ; qui 口 non rappresenta una bocca o una frontiera
152	很		Molto / completamente / enormemente	Pittogramma che suggerisce un movimento rapido, con 艮 fonetico (la fonetica sarà studiata più avanti)
153	春		Primavera	Il sole fa germogliare le piante
154	夏		Estate	Nessuna spiegazione rapida è possibile, ma è necessario conoscere questo carattere
155	秋		Autunno	La paglia bruciata dopo la raccolta del grano, in autunno
156	冬		Inverno	Pittogramma rappresentante il freddo 冫 (cfr. carattere #86) ; fine dell'anno

Tabella 8 : Lista dei caratteri cinesi da 131 a 156

LEZIONE 7 : ORDINE DEI TRATTI E PRATICA

La tabella qui sotto mostra l'ordine e la direzione dei tratti per ognuno dei caratteri introdotti in questa lezione.

Ora tocca a voi !

不	一	丆	不	不				
还	不	还						
看	一	二	三	尹	看			
会	人	仌	仝	会	会			
我	一	二	手	手	我	我		
你	亻	伫	伫	你				
也	乛	巾	也					
地	土	地						
他	亻	他						
她	女	她						
它	宀	宀	它					
东	一	七	车	东	东			
南	十	市	南	南	南	南	南	
西	一	襾	两	西	西			
北	丨	十	圵	北	北			
要	覀	要						

前	丶	丷	꾸	前	前	前			
后	一	厂	尸	后					
左	ナ	厂	左	左					
右	ナ	右							
中	口	中							
很	丶	彳	彳	彳	彳	彺	很		
春	二	声	夫	春					
夏	百	尸	夏						
秋	禾	禾	禾	秒	秋				
冬	丿	夂	冬	冬					

LEZIONE 7 : TEST 1

Nella tabella qui sotto, e senza guardare quello che abbiamo appena studiato, tracciate ogni carattere cinese in base al suo significato.

#	CARATTERE	SIGNIFICATO	DESCRIZIONE E SPIEGAZIONE
131		(prefisso negativo) / no / non	Nessuna spiegazione rapida è possibile, ma è necessario conoscere questo carattere
132		Ancora / in più / inoltre	Nessuna spiegazione rapida è possibile, ma è necessario conoscere questo carattere

#	CARATTERE	SIGNIFICATO	DESCRIZIONE E SPIEGAZIONE
133		Vedere / guardare / visitare / dipende / pensare	Mano che protegge un occhio per vedere meglio, guardare
134		Essere capace o suscettibile di / potere / incontrare	Nessuna spiegazione rapida è possibile, ma è necessario conoscere questo carattere
135		Io / il mio / la mia / i miei / le mie	Pittogramma di una mano che tiene una lancia
136		Tu	Una persona (carattere #5) con 尔 fonetico (la fonetica sarà studiata più avanti)
137		Anche / ugualmente	Nessuna spiegazione rapida è possibile, ma è necessario conoscere questo carattere
138		Terra / terreno / suolo / campo / -mento (suffisso avverbiale)	Suolo (carattere #13) con 也 fonetico (la fonetica sarà studiata più avanti)
139		Lui	Una persona (carattere #5) con 也 fonetico (la fonetica sarà studiata più avanti)
140		Lei	Una donna (carattere #53) con 也 fonetico (la fonetica sarà studiata più avanti)
141		Lui, lei (soggetti neutri utilizzati per animali) / il, la, lo (complementi neutri)	Pittogramma di un serpente

#	CARATTERE	SIGNIFICATO	DESCRIZIONE E SPIEGAZIONE
142		Est / ospite / proprietario	La versione tradizionale è 東 ; il sole che sorge dietro ad un albero, quindi ad Est
143		Sud	Pittogramma di un antico strumento musicale
144		Ovest	Pittogramma di un uccello che si appoggia per dormire, suggerendo il crepuscolo, quindi l'Ovest
145		Nord	Pittogramma rappresentante due persone schiena contro schiena
146		Volere / volontà / essere sul punto di / verbo dovere	Pittogramma rappresentante due mani che tengono una donna, « volere / desiderare »
147		Prima / davanti / (10 anni) fa / precedente / di prima	Pittogramma che traduce un movimento in avanti, suggerendo anteriorità
148		Dietro / indietro / dopo / più tardi	Una persona (carattere #5) che si sporge in avanti per urlare (bocca, carattere #45) degli ordini (t : 後)
149		(a) sinistra	Mano (carattere #77) che aiuta al lavoro ; suggerisce una mano sinistra
150		(a) destra	Mano (carattere #77) che lavora, con una bocca ; suggerisce una mano destra

#	CARATTERE	SIGNIFICATO	DESCRIZIONE E SPIEGAZIONE
151		Centro / centrale / mezzo	Una freccia che trafigge il centro di un bersaglio ; qui 口 non rappresenta una bocca o una frontiera
152		Molto / completamente / enormemente	Pittogramma che suggerisce un movimento rapido, con 叏 fonetico (la fonetica sarà studiata più avanti)
153		Primavera	Il sole fa germogliare le piante
154		Estate	Nessuna spiegazione rapida è possibile, ma è necessario conoscere questo carattere
155		Autunno	La paglia bruciata dopo la raccolta del grano, in autunno
156		Inverno	Pittogramma rappresentante il freddo 冫 (cfr. carattere #86) ; fine dell'anno

LEZIONE 7 : TEST 2

Nella tabella qui sotto, e senza guardare quello che abbiamo appena studiato, trascrivete il significato di ogni carattere cinese.

#	CARATTERE	SIGNIFICATO	DESCRIZIONE E SPIEGAZIONE
131	不		Nessuna spiegazione rapida è possibile, ma è necessario conoscere questo carattere

#	CARATTERE	SIGNIFICATO	DESCRIZIONE E SPIEGAZIONE
132	还		Nessuna spiegazione rapida è possibile, ma è necessario conoscere questo carattere
133	看		Mano che protegge un occhio per vedere meglio, guardare
134	会		Nessuna spiegazione rapida è possibile, ma è necessario conoscere questo carattere
135	我		Pittogramma di una mano che tiene una lancia
136	你		Una persona (carattere #5) con 尔 fonetico (la fonetica sarà studiata più avanti)
137	也		Nessuna spiegazione rapida è possibile, ma è necessario conoscere questo carattere
138	地		Suolo (carattere #13) con 也 fonetico (la fonetica sarà studiata più avanti)
139	他		Una persona (carattere #5) con 也 fonetico (la fonetica sarà studiata più avanti)
140	她		Una donna (carattere #53) con 也 fonetico (la fonetica sarà studiata più avanti)
141	它		Pittogramma di un serpente

#	CARATTERE	SIGNIFICATO	DESCRIZIONE E SPIEGAZIONE
142	东		La versione tradizionale è 東 ; il sole che sorge dietro ad un albero, quindi ad Est
143	南		Pittogramma di un antico strumento musicale
144	西		Pittogramma di un uccello che si appoggia per dormire, suggerendo il crepuscolo, quindi l'Ovest
145	北		Pittogramma rappresentante due persone schiena contro schiena
146	要		Pittogramma rappresentante due mani che tengono una donna, « volere / desiderare »
147	前		Pittogramma che traduce un movimento in avanti, suggerendo anteriorità
148	后		Una persona (carattere #5) che si sporge in avanti per urlare (bocca, carattere #45) degli ordini (t : 後)
149	左		Mano (carattere #77) che aiuta al lavoro ; suggerisce una mano sinistra
150	右		Mano (carattere #77) che lavora, con una bocca ; suggerisce una mano destra
151	中		Una freccia che trafigge il centro di un bersaglio ; qui 口 non rappresenta una bocca o una frontiera

#	CARATTERE	SIGNIFICATO	DESCRIZIONE E SPIEGAZIONE
152	很		Pittogramma che suggerisce un movimento rapido, con 艮 fonetico (la fonetica sarà studiata più avanti)
153	春		Il sole fa germogliare le piante
154	夏		Nessuna spiegazione rapida è possibile, ma è necessario conoscere questo carattere
155	秋		La paglia bruciata dopo la raccolta del grano, in autunno
156	冬		Pittogramma rappresentante il freddo 冫 (cfr. carattere #86) ; fine dell'anno

IL CINESE PRATICO

In base ai due caratteri cerchiati, l'immagine qui sopra evoca « andare / ritornare a casa ». Ma allora, che cosa esprimono i quattro caratteri nel rettangolo ?

Questa pubblicità parla delle difficoltà a comprare i biglietti del treno in un certo periodo dell'anno. Di quale stagione o momento dell'anno si tratta ?

八

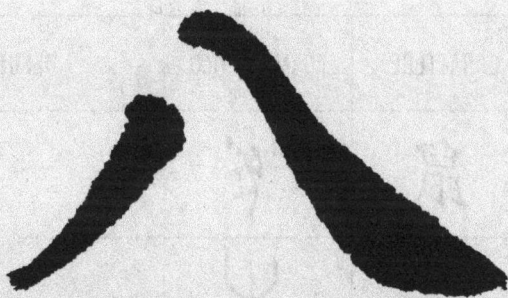

Definizione	Otto
Evoluzione del carattere	八 八 八 八
Ordine dei tratti	丿 八
Proverbio cinese	八而威风

LO ZODIACO CINESE E L'USO DEL RADICALE « ANIMALE »

Nella lezione 2, a pagina 26, abbiamo introdotto i radicali cinesi, la cui importanza è fondamentale per comprendere il funzionamento del cinese scritto. In questa lezione approfondiremo questo tema attraverso l'analisi dei 12 animali che compongono lo zodiaco cinese.

#	CARATTERE	FORMA ANTICO	DEFINIZIONE
157	鼠		Topo
158	牛		Bufalo
159	虎		Tigre
160	兔		Coniglio
161	龙		Drago (t : 龍)
162	蛇		Serpente
163	马		Cavallo (t : 馬)

#	CARATTERE	FORMA ANTICO	DEFINIZIONE
164	羊	𐤏	Pecora
165	猴	猴	Scimmia
166	鸡	雞	Gallo (t : 雞)
167	狗	狗	Cane
168	猪	豬	Maiale (t : 豬)

Tabella 9 : Lista dei caratteri cinesi da 157 a 168

Tra i dodici animali citati qui sopra, tre dovrebbero già esservi familiari : 马 (t : 馬, cavallo), 牛 (bufalo) e 羊 (pecora). Li utilizzeremo, insieme ai nove restanti, per illustrare e ripassare il principio di classificazione dei caratteri in base al loro radicale. Abbiamo già introdotto questa nozione con il radicale (木), « legno » : la sua presenza in una combinazione indica che si tratta di alberi, di bosco, di costruzione, ecc. Il radicale « animale » (犭) si rivela ancor più prezioso o utile del radicale « legno ». Un dizionario contemporaneo riporta più di 100 caratteri sotto al radicale « animale », e praticamente tutti i sinogrammi che integrano questo radicale designano una specie animale. In compenso, anche se il radicale « legno » è presente in circa 200 sinogrammi, è ben lontano dall'attribuire ad ognuno un significato sempre legato al legno.

Il radicale « pesce » (t : 鱼) è particolarmente utile. Ognuno dei caratteri elencati sotto a questo radicale designa una specie di pesce, con un'unica eccezione 鳄, che significa coccodrillo. Abbiamo qui una combinazione formata dal radicale « pesce » a sinistra, che indica che il nostro carattere rappresenta un animale acquatico, mentre a destra troviamo il disegno di una bestia sormontata da due quadrati, suggerenti le grandi scaglie che ricoprono il suo corpo.

Insomma, ogni volta che il radicale « pesce » è presente, il sinogramma tradotto è molto probabilmente il nome di un pesce, anche se non conosciamo questo nome in italiano e ancor meno in cinese. E di specie di pesci, come la razza pastinaca, o la passera pianuzza, nel nostro dizionario ce ne sono tante !

Le combinazioni che simboleggiano 猪 (t: 豬, maiale), 猴 (scimmia) a 狗 (cane) utilizzano tutte il radicale « animale » (犭) per indicare, logicamente, che trattano di animali. Per il momento continueremo ad ignorare gli elementi tracciati a destra, che indicano un suono e non un significato. La nozione di prestito fonetico sarà affrontata più avanti.

Gli altri segni zodiacali confermano la grande utilità del nostro radicale « animale » :

鸟 ⇨ 鸡

鸡 (t : 雞), significa « gallo ». Contiene il radicale « uccello » (鸟). La maggior parte dei caratteri che presentano questo radicale si riferiscono a specie di uccelli.

虫 ⇨ 蛇

蛇 (serpente) utilizza il radicale 虫, che evoca un'ampia varietà del mondo animale, come le rane, i serpenti, ma anche gli insetti o le farfalle. Circa la metà dei sinogrammi includenti questo radicale designa degli animali. Per questo, e per una questione di semplificazione, lo chiameremo il radicale « insetto », nonostante ricopra molti più elementi rispetto alla sua accezione italiana normale. Questa è la ragione per cui figura ben piazzato nell'appendice, per illustrare il fatto che nonostante i radicali siano spesso dei preziosi promemoria, non è sempre il caso.

Gli altri animali dello zodiaco che non abbiamo ancora studiato sono il topo, la tigre, il coniglio ed il drago.

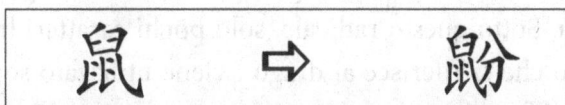

鼠 ⇨ 鼢

鼠 significa topo o ratto, mentre 鼢 è una varietà di talpa. 鼠 era all'origine una rappresentazione schematica di un animale, con testa, baffi, denti e coda.

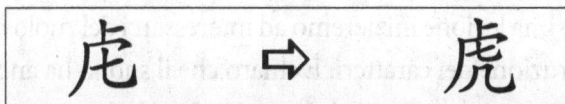

虍 ⇨ 虎

虍 designa le strisce di una tigre, 虎 significa « tigre ». In origine, 虎 non era altro che l'immagine semplificata di un animale a righe.

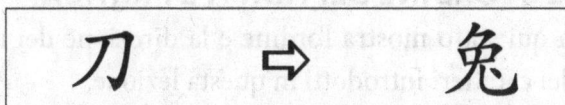

刀 ⇨ 兔

兔 è la rappresentazione di un animale rannicchiato, allertato da un pericolo. Esistono diversi caratteri formati su questo radicale, di cui solo alcuni si riferiscono direttamente al mondo animale. Ad esempio 冤 che significa « ingiustizia », suggerisce un coniglio in gabbia. La maggior parte di loro è comunque stato preso in prestito per evocare un suono, e non per il suo significato.

龙 (t : 龍) è sia un radicale che un carattere. Significa « drago », uno dei termini più frequenti nel lessico cinese.

Nel corso dei suoi tre millenni di evoluzione, questa parola è cambiata quasi totalmente rispetto alla sua forma pittografica originaria. Sotto questo radicale, solo pochi caratteri hanno un significato che si riferisce al drago ; viene utilizzato soprattutto per ragioni fonetiche.

Interessandoci dello zodiaco abbiamo dunque incidentalmente scoperto che alcuni caratteri sono spesso utilizzati nelle combinazioni non per il loro senso, ma per suggerire un suono. Se fino ad ora abbiamo volontariamente omesso tutto ciò che riguarda la fonetica, nella prossima lezione inizieremo ad interessarci del ruolo del suono nella costruzione dei caratteri. È chiaro che il suono ha ancora poca importanza per i debuttanti che, nonostante inizino a comprendere lo scritto, non oralizzano ancora la lingua cinese.

LEZIONE 8 : ORDINE DEI TRATTI E PRATICA

La tabella qui sotto mostra l'ordine e la direzione dei tratti per ognuno dei caratteri introdotti in questa lezione.
Ora tocca a voi !

鼠	丆	冖	冃	臼	臼	臼	鼠	鼠	
牛	丿	𠂉	牛						

虎	⺊	⺊	广	虍	虍	虎			
兔	ノ	⺈	刍	免	兔	兔			
龙	ナ	龙	龙						
蛇	中	虫	虫	蛇					
马	フ	马	马						
羊	ヽ	⸚	兰	羊					
猴	ノ	犭	犭	犭	犷	犷	犷	猴	
鸡	又	又	又ㄱ	又ㄱ	鸡	鸡			
狗	犭	狗							
猪	犭	犷	犸	猪					

LEZIONE 8 : TEST 1

Nella tabella qui sotto abbiamo selezionato una serie di caratteri che non abbiamo ancora studiato, ma non spaventatevi. In base alla « Tabella 2 : Esempi di radicali comuni » a pagina 29, e alla « Tabella 9 : lista dei caratteri cinesi da #157 a #168 » alle pagine 101 e 102, tracciate il radicale di ogni carattere e indicate la sua categoria.

Ricordate che un radicale non offre sempre un indizio sul significato reale del carattere.

Confrontate le vostre risposte con la tabella delle « Risposte al test 2 » a pagina 172.

#	RADICALE	SIGNIFICATO	ESEMPIO
1		☐ Legno ☐ Animale	犸
2		☐ Acqua ☐ Lingua	讯
3		☐ Animale ☐ Radice	羚
4		☐ Pesce ☐ Linguaggio	鲐
5		☐ Pianta ☐ Casa	花
6		☐ Animale ☐ Pelo	彪
7		☐ Albero ☐ Animale	驼
8		☐ Malattia ☐ Meteo	病
9		☐ Occhio ☐ Cibo	盲
10		☐ Animale ☐ Tessuto	狍
11		☐ Animale ☐ Fiore	牡
12		☐ Campo ☐ Ghiaccio	男
13		☐ Tetto ☐ Strumento musicale	官
14		☐ Liquido ☐ Porta	闯
15		☐ Tetto ☐ Ballerino	家

IL CINESE PRATICO

Scrivete sotto ad ogni carattere il nome dell'animale che rappresenta.

鼠	龙	猴	兔
牛	蛇	鸡	羊
虎	马	狗	猪

In base al carattere cerchiato, quale animale simboleggia 2010 nello zodiaco cinese ?

九

Definizione	Nove, molti, numerosi
Evoluzione del carattere	𨳊 𢀖 九 九
Ordine dei tratti	丿 九
Proverbio cinese	九牛一毛

DIALETTI, SUONI, TRASPOSIZIONE IN CARATTERI LATINI E PRESTITI PER RAGIONI FONETICHE

INTRODUZIONE

Oggigiorno, il *Putong Hua* 普通话, ovvero la lingua parlata moderna basata sul dialetto pechinese, è usato attraverso la Cina intera. Questa generalizzazione è tuttavia recente. In passato era la lingua scritta, padroneggiata da una minoranza di letterati, studianti o funzionari, che svolgeva nell'Impero cinese la stessa funzione svolta dal latino nell'Impero romano. Ogni persona istruita poteva quindi comunicare ovunque nell'Impero, indipendentemente dalla sua lingua materna.

Le statistiche cinesi degli anni 90 contabilizzano più di ottanta « dialetti ». Già negli anni 40, ad esempio, uno studente in cantonese si rendeva presto conto che il cantonese era inutile al di fuori della provincia di Guangdong, poiché non poteva più comunicare altrimenti che attraverso lo scritto. Capiamo allora perché il governo cinese abbia favorito la generalizzazione del *Putong Hua*, il che ha parallelamente provocato la recessione degli altri dialetti locali. Questi cosiddetti « dialetti », come il cantonese, l'*hakka*, il *teochew*, le parlate di Shanghai o del Hainan del sud, sono tanto differenti tra loro quanto l'italiano, il francese e lo spagnolo, o ancora l'inglese ed il tedesco. Questi « dialetti » hanno radici comuni, ma non sono capiti dalle persone provenienti da province diverse da quelle in cui sono parlati ; inoltre, non presentano nessuna forma scritta ufficialmente attestata. I non-cinesi fanno spesso fatica a concepire l'idea di una lingua scritta che non sia basata su una qualunque forma di alfabeto fonetico. La tabella seguente illustra fino a che punto i suoni dei diversi « dialetti » possono essere diversi. Abbiamo utilizzato una trascrizione latina[1] per la pronuncia delle colonne in mandarino e cantonese, di modo da aiutare il lettore a immaginarne agevolmente i suoni.

1. Si tratta qui della trascrizione ortografica dell'edizione originale in lingua inglese. Bisogna quindi pronunciare « all'inglese » per ritrovare la coerenza dei suoni.

#	CARACTERE	PINYIN	MANDARIN	CANTONAIS
1	一	yī	yee	yat
2	二	èr	er	yee
3	三	sān	san	saam
4	四	sì	szi	say
5	五	wǔ	woo	ng
6	六	liù	liu	luk
7	七	qī	chee	chut
8	八	bā	ba	baat
9	九	jiǔ	jiu	gau
10	十	shí	sher	sup

Tabella 10 : Pronuncia in pinyin, mandarino e cantonese

In breve, il Putong Hua — anticamente mandarino — è diventato la lingua di tutta la nazione. Prima, le persone di due province diverse potevano comunicare facilmente solo attraverso la lingua scritta.

DISCUSSIONE

Fino all'inizio del ventesimo secolo, tutte le persone che sapevano leggere il cinese potevano ancora comprendere l'insieme delle opere classiche cinesi. È lo stesso discorso che vale per le persone che leggono l'italiano moderno, ma che riescono anche a leggere Tasso o Machiavelli senza maggiori difficoltà, nonostante i secoli trascorsi. Inversamente, la lingua cinese scritta 文言 (Wenyan), era una lingua di letterati, concisa e densa, di difficile apprendimento, che non si rivolgeva al cinese medio. Era dunque naturale che i riformatori cercassero di semplificare il linguaggio scritto. Dopo la rivoluzione del 1911, gli intellettuali dello Stato introdussero un nuovo tipo di scrittura più accessibile alle masse : questo nuovo tipo si chiamava 白话 (bai hua, letteralmente « la lingua bianca », la lingua del popolo. I giornali, i romanzi e le opere teatrali divennero più facili da leggere, ma parallelamente a questa evoluzione gli antichi classici si trasformarono in una sorta di lingua straniera. Il processo fu più o meno analogo a quello che si produsse in Francia nel 19^{esimo} secolo. Fino a quel momento ogni persona sapeva leggere latino, e gli autori dell'epoca potevano imbellire i propri testi con citazioni latine senza che alcuna traduzione fosse stimata necessaria.

Tuttavia, in questo 21esimo secolo, nessun autore oserebbe tale presunzione. I riformatori del cinese scritto hanno generato conseguenze simili : poche persone possono ancora leggere fluentemente i classici.

Una commissione fu creata negli anni cinquanta, avente per missione l'elaborazione di un sistema standard di trascrizione della lingua nazionale (*Putong Hua*) in caratteri latini. Da lì nacque il pinyin (letteralmente « assemblaggio di suoni ») e fu un successo. Ma, come spesso accade quando l'alfabeto fonetico latino è utilizzato, il pinyin non può sostituire con totale efficacia i caratteri cinesi, poiché molte parole di questa lingua hanno lo stesso suono. La forma tradizionale della scrittura cinese risolveva i problemi di omofonia : 人 (una persona) non aveva lo stesso aspetto di 仁 (bontà), ma in pinyin le due parole si scrivono « ren » (rén). Ovviamente, il problema di omofonia esiste anche in italiano, ma in dimensioni molto più ridotte rispetto al cinese. Un esempio : « miglio » può significare un'unità di misura, ma anche un alimento. L'ambiguità viene eliminata inserendo le parole in un contesto (« ho mangiato del miglio », oppure « ho corso un miglio »). In generale, le parole omofone con significati diversi sono anche scritte in modo diverso : « a letto », « ha letto », « alletto », « al letto » non hanno per niente lo stesso aspetto !

In cinese, invece, il numero di omofoni è molto più importante, come potrete notare attraverso una semplice occhiata ad un dizionario cinese-italiano. La banca dati Unihan (cfr. « Letture complementari », pagina 138) mostra 448 caratteri cinesi raggruppati sotto al titolo pinyin « ji ». Un tale numero di omofoni è assolutamente considerevole. 126 parole sono elencate sotto « ji » primo tono (jī) (per informazioni riguardanti i toni, consultare « La funzione del suono nella lingua cinese scritta » a pagina 115), 143 figurano sotto « ji » secondo tono (jí), 44 sotto « ji » terzo tono (jǐ), e 162 sotto « ji » quarto tono (jì). I loro significati spaziano da tavolino (几), a battito (击), macchina

(机), pollo (鸡), impaziente (急), ecc. Evidentemente il contesto aiuta la comprensione e, per fortuna, dove la confusione è elevata, si assemblano spesso due parole per formarne una sola a due sillabe.

IL CINESE PRATICO

Nelle caselle, trascrivete in caratteri cinesi il nome di ognuna delle quattro stagioni.

primavera

estate

quattro stagioni

autunno

inverno

Primavera :

Estate :

Autunno :

Inverno :

Riproducete in caratteri cinesi il nome dei quattro punti cardinali : nord, sud, ovest e est.

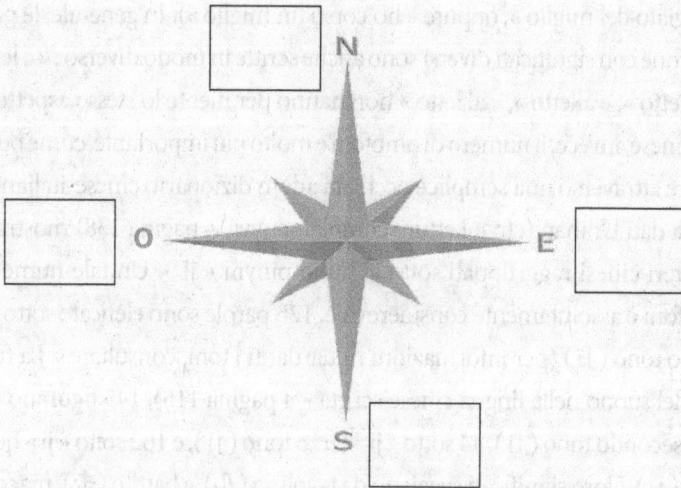

N

O

E

S

Definizione	Dieci, completo
Evoluzione del carattere	丨 ∮ 十 十
Ordine dei tratti	一 十
Proverbio cinese	十全十美

LA FUNZIONE DEL SUONO NELLA LINGUA CINESE SCRITTA

Abbiamo lasciato questo soggetto alla fine per poterci concentrare, innanzitutto, sugli aspetti dei caratteri cinesi, sugli elementi che li compongono ed il loro senso. Anche se abbiamo già alcune nozioni del linguaggio parlato e dei suoi suoni, tali conoscenze non ci sarebbero state di nessun aiuto per l'analisi e la comprensione dei caratteri cinesi studiati. Al contrario, avrebbero potuto confonderci. Ciononostante, è giunto il momento di parlare di « suono », in quanto elemento importante per la costruzione di un carattere cinese.

Come abbiamo detto nella lezione precedente, fino alla fine del 20esimo secolo la comunicazione orale tra gli abitanti del nord e quelli del sud della Cina restava quasi impossibile. I loro linguaggi materni parlati erano mutualmente incomprensibili, ed i loro cosiddetti « dialetti », tanto diversi tra loro quanto l'italiano e l'inglese, rimanevano totalmente ermetici ad un praticante del mandarino. La sola comunicazione che funzionava apparteneva al linguaggio scritto.

La differenza di pronuncia dei cognomi illustra perfettamente le notevoli variazioni tra i cosiddetti « dialetti ». Il signor Wu, di Pechino, notava che il sinogramma Wu (吴) si pronunciava /Goh/ nel Fujian et /Ng/ nel Guangdong. Il signor Chen (陈) anche lui di Pechino, sentiva leggere il suo nome /Tan/ a Xiamen e /Chan/ a Guangzhou.

Fino ad un passato molto recente, la lingua scritta svolgeva dunque una funzione fondamentale in quanto unico mezzo di comunicazione nella Cina intera, da nord a sud e da est a ovest. Tuttavia, l'interesse capitale di questo vettore di comprensione reciproca di un'intera nazione non aveva niente a che vedere con la pronuncia attribuita ai caratteri cinesi da un lettore in mandarino. Lo scritto funzionava attraverso tutto il paese perché i suoi lettori non avevano bisogno di sapere come lo si pronunciava a Pechino : avevano semplicemente bisogno di sapere cosa voleva dire. È il motivo per cui nessuna delle riforme attuate dopo il 1949 ha cambiato i principi di base del wenyan (文言), la lingua classica. Per ragioni eminentemente logiche e pratiche, i caratteri cinesi perdurano. Risolvono i problemi di una lingua che comporta relativamente poche sillabe orali diverse, in opposizione ad un gran numero di parole che si scrivono allo stesso modo in pinyin (mentre il loro aspetto è ben differenziato quando sono tracciate in caratteri tradizionali).

Non abbiamo citato spesso il termine « suono » in questo manuale. Abbiamo però constatato che un carattere cinese è, a volte, utilizzato in una combinazione per suggerire un suono, e non per il suo valore semantico. Questo processo è frequente.

IL SISTEMA TONALE

I sistemi di intonazione delle lingue occidentali sono arbitrari e personali. Ognuno fa variare di più o di meno la sua intonazione in base alle circostanze. Ecco qualche esempio :

- Veramente ?   ↗   Domande
- Veramente.   →   Osservazione neutra
- Veramente !   ↘   Esasperazione

Se è vero che usiamo dei « toni » nelle lingue occidentali, questi non sono parte integrante e permanente di una parola : variano secondo l'umore, il contesto, l'enfasi, le circostanze ecc.

Al contrario, il cinese attacca in modo permanente un tono ad una parola per attribuirle un valore semantico particolare. Il mandarino, ad esempio, possiede quattro toni (più uno neutro), ed il cantonese ha nove toni. Ma che si tratti di quattro o di nove, i toni rimangono una nozione straniera alle lingue occidentali. Sicuramente non ci saranno conseguenze gravi se utilizzate il tono sbagliato per contare da uno a dieci : potete sempre scrivere il numero in cifre arabe o su una calcolatrice, oppure usare le dita. Questo può però rivelarsi di un'importanza cruciale in altre circostante.

Lo schema seguente illustra i quattro toni del mandarino :

ALTEZZA

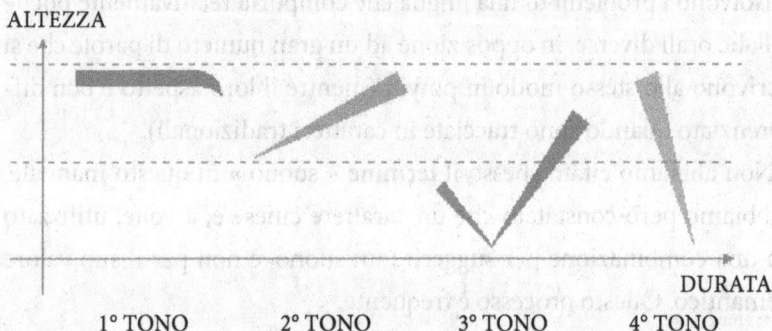

                                                   DURATA

    1° TONO   2° TONO   3° TONO   4° TONO

Prendiamo in monosillabo « ma » come esempio :

- mā, 妈, Madre, 1° tono
- má, 麻, Canapa, 2° tono
- mǎ, 马, Cavallo, 3° tono
- mà, 骂, Imprecazione, 4° tono
- ma, 吗, Particella interrogativa, tono neutro.

L'uso di un tono inadeguato può provocare numerosi errori, o addirittura rivelarsi fonte di divertimento o scherno. Se non ne siete convinti provate ancora a cercare la voce « ji » primo tono, (jī) nella banca dati *Unihan* : noterete che ricopre più di cento caratteri, tutti dall'aspetto e dal significato diverso, ma che si scrivono esattamente allo stesso modo in pinyin !

È quindi certo che è necessario investire del tempo nell'apprendimento dei toni. Purtroppo pochissimi stranieri dominano i toni con efficacia, nel senso che ogni parola che imparano dovrebbe trovarsi nella loro memoria appaiato per sempre al tono che vi è associato. Non è difficile individuare le cause di questo disagio. Innanzitutto, la maggior parte degli stranieri è avido di poter comunicare immediatamente, senza sicuramente avere la pazienza di recitare per ore la « lista dei toni ». In secondo luogo, i professori d'università si mostrano spesso ostili all'uso di tecniche d'insegnamento così rudimentali. Recitare la « lista dei toni » non è sicuramente una delle grandi priorità, e in questo modo gli studenti si cimentano subito nella comunicazione senza affinarne i toni.

Quando noi, per primi, abbiamo iniziato ad imparare il cinese, abbiamo dovuto salmodiare i toni ogni mattina per più di un'ora, sei giorni a settimana : il professore leggeva i caratteri, di cui in seguito noi riproducevamo il suono e l'intonazione, leggendolo in lettere latine. Ogni giorno, durante un mese, iniziavamo regolarmente la lezione con una sessione di « salmodia ». E funzionava. Eppure, questo metodo di apprendimento attraverso l'imitazione dei toni non è utilizzato frequentemente negli istituti d'insegnamento : gli alunni conoscono la teoria, ma non hanno la pratica.

È un peccato che così pochi stranieri possano dominare i « toni » sin dai primi passi del loro apprendimento. Acquisire un'intonazione giusta non è un esercizio intellettuale, ma semplicemente un lavoro d'imitazione.

Nella tabella seguente, daremo il significato, la trascrizione pinyin ed il tono per ognuno dei caratteri studiati finora. È importante notare che alcuni caratteri presentano più di una versione pinyin o più di un tono, ma per non complicare le cose sarà segnalato solo il pinyin più usato. Per informazioni complementari, lo studente può consultare un dizionario.

Il nostro scopo principale, attraverso questo manuale, non è focalizzarci sulla pronuncia dei caratteri, ma offrire un metodo semplice ed efficace per apprenderne e memorizzarne il significato partendo dalla loro struttura.

La tabella qui sotto è un primo approccio verso l'apprendimento della pronuncia del cinese mandarino[1].

1. Un aiuto molto efficace per quanto riguarda l'apprendimento della pronuncia dei suoni pinyin potete trovarlo a questo indirizzo : http://quickmandarin. com/chinesepinyintable.

#	CARAT.	PINYIN	DEFINIZIONE	#	CARAT.	PINYIN	DEFINIZIONE
1	一	yī	1	15	广	guǎng	Vasto
2	二	èr	2	16	座	zuò	Sede
3	三	sān	2	17	占	zhàn	Occupare
4	十	shí	10	18	点	diǎn	Un po'
5	人	rén	Uomo	19	店	diàn	Negozio
6	个	gè	Individuo	20	床	chuáng	Letto
7	大	dà	Grande	21	去	qù	Andare
8	太	tài	Troppo	22	在	zài	Situo a
9	天	tiān	Giorno	23	王	wáng	Re
10	从	cóng	Venire da	24	主	zhǔ	Maestro
11	内	nèi	Dentro	25	住	zhù	Vivere a
12	肉	ròu	Carne	26	国	guó	Paese
13	土	tǔ	Terra	27	因	yīn	Causa
14	坐	zuò	Sedersi	28	木	mù	Legno

#	CARAT.	PINYIN	DEFINIZIONE	#	CARAT.	PINYIN	DEFINIZIONE
29	林	lín	Foresta	43	早	zǎo	Presto
30	森	sēn	Foresta folta	44	昨	zuó	Ieri
31	休	xiū	Riposarsi	45	口	kǒu	Bocca
32	本	běn	Radici	46	喝	hē	Bere
33	目	mù	Occhio	47	禾	hé	Miglio
34	相	xiāng	Apparenza	48	和	hé	E / armonia
35	心	xīn	Cuore	49	香	xiāng	Odorante
36	想	xiǎng	Pensare	50	吃	chī	Mangiare
37	日	rì	Giorno	51	品	pǐn	Articolo
38	白	bái	Bianco	52	回	huí	Rivenire
39	勺	sháo	Cucchiaio	53	女	nǚ	Femminile
40	的	de	Di (possessivo)	54	了	le	Nozione temporale
41	百	bǎi	100	55	子	zǐ	Figlio
42	是	shì	Verbo essere	56	好	hǎo	Buono

#	CARAT.	PINYIN	DEFINIZIONE
57	安	ān	Calma
58	字	zì	Lettera
59	家	jiā	Casa
60	妈	mǎ	Madre
61	吗	ma	Punto interrogativo
62	骂	mà	Rimproverare
63	石	shí	Roccia
64	码	mǎ	Numero
65	田	tián	Campo
66	力	lì	Forza
67	办	bàn	Fare
68	为	wèi	Perché (risposta)
69	男	nán	Maschio
70	果	guǒ	Frutto

#	CARAT.	PINYIN	DEFINIZIONE
71	门	mén	Porte
72	们	men	Marca plurale dei nomi
73	问	wèn	Chiedere
74	间	jiān	Tra
75	买	mǎi	Comprare
76	卖	mài	Vendere
77	又	yòu	Ancora (una volta)
78	双	shuāng	Paio
79	友	yǒu	Amico
80	没	méi	Non
81	刀	dāo	Coltello
82	米	mǐ	Riso
83	来	lái	Venire
84	粉	fěn	Polvere

#	CARAT.	PINYIN	DEFINIZIONE	#	CARAT.	PINYIN	DEFINIZIONE
85	水	shuǐ	Acqua	99	冷	lěng	Freddo
86	冰	bīng	Ghiaccio	100	户	hù	Casa (famiglia)
87	汁	zhī	Succo	101	万	wàn	10 000
88	千	qiān	Chilo	102	方	fāng	Direzione
89	开	kāi	Aprire	103	房	fáng	Casa
90	古	gǔ	Antico	104	上	shàng	Verso l'alto
91	舌	shé	Lingua	105	下	xià	Verso il basso
92	话	huà	Linguaggio	106	卡	kǎ	Carta
93	活	huó	Vivere	107	直	zhí	Dritto
94	月	yuè	Mese	108	具	jù	Attrezzo
95	朋	péng	Amico	109	真	zhēn	Realmente
96	明	míng	Chiaro	110	寸	cùn	Una unità di lunghezza
97	有	yǒu	Avere	111	对	duì	Corretto
98	今	jīn	Oggi	112	过	guò	Passare (tempo)

#	CARAT.	PINYIN	DEFINIZIONE	#	CARAT.	PINYIN	DEFINIZIONE
113	时	shí	Ora	127	夕	xī	Crepuscolo
114	村	cūn	Villaggio	128	多	duō	Tanto
115	树	shù	Albero	129	名	míng	Nome (proprio)
116	贝	bèi	Conchiglie	130	句	jù	Frase
117	见	jiàn	Vedere	131	不	bù	Non...
118	贵	guì	Caro	132	还	hái	Ancora
119	现	xiàn	Apparire	133	看	kàn	Vedere
120	立	lì	In piedi	134	会	huì	Potere
121	产	chǎn	Produrre	135	我	wǒ	Io
122	位	wèi	Posizione	136	你	nǐ	Tu
123	站	zhàn	Essere qua	137	也	yě	Anche
124	小	xiǎo	Piccolo	138	地	dì	Terra
125	少	shǎo	Poco	139	他	tā	Lui
126	尖	jiān	Punta (d'ago)	140	她	tā	Lei

#	CARAT.	PINYIN	DEFINIZIONE	#	CARAT.	PINYIN	DEFINIZIONE
141	它	tā	Lo, la (utilizzati per animali, oggetti)	155	秋	qiū	Autunno
142	东	dōng	Est	156	冬	dōng	Inverno
143	南	nán	Sud	157	鼠	shǔ	Topo
144	西	xī	Ovest	158	牛	niú	Cinghiale
145	北	běi	Nord	159	虎	hǔ	Tigre
146	要	yào	Volere	160	兔	tù	Coniglio
147	前	qián	Avanti	161	龙	lóng	Drago
148	后	hòu	Dietro	162	蛇	shé	Serpente
149	左	zuǒ	(a) sinistra	163	马	mǎ	Cavallo
150	右	yòu	(a) destra	164	羊	yáng	Pecora
151	中	zhōng	Centro	165	猴	hóu	Scimmia
152	很	hěn	Tanto	166	鸡	jī	Gallo
153	春	chūn	Primavera	167	狗	gǒu	Cane
154	夏	xià	Estate	168	猪	zhū	Maiale

Tabella 11 : Fonologia pinyin della nostra selezione di 168 caratteri cinesi

I CARATTERI CON DEI RADICALI O DELLE STRUTTURE SIMILI HANNO UNA PRONUNCIA E / O UN SIGNIFICATO SIMILI ?

Questa sezione funge da appendice alla lezione 10. Se vi sembra di avere troppa confusione in testa, passate al prossimo capitolo e ai test finali.

Durante la lezione 9, paragrafo « discussione » a pagina 111, abbiamo visto che una trascrizione pinyin può rappresentare diversi caratteri differenti. Rigiriamo le cose al contrario : dei caratteri simili per i loro radicali o le loro strutture, hanno un suono e / o un senso simili ? La risposta è : non sempre !

La tabella seguente si serve del radicale 虫, comunemente chiamato radicale insetto, per mostrare che, nella costruzione di un sinogramma, il valore fonetico del componente di una combinazione è usato spesso quanto il suo valore di simbolo visivo, se non di più.

La lista mostra anche che il problema degli omofoni a volte si auto-risolve : abbiamo qui 5 caratteri cinesi formati sullo stesso radicale, ma i cui suoni pinyin sono tutti diversi.

#	CARATTERE	SIGNIFICATO	PINYIN
1	虫	Insetto ; verme	chóng
2	虱	Pidocchio	shī
3	虾	Gamberetto	xiā
4	虽	Anche se, sebbene	suī
5	蚊	Mosca	wén

Tabella 12 : Esempi dei diversi suoni pinyin per il radicale 虫

Se allarghiamo la tabella ai 30 caratteri figuranti sotto questo stesso radicale 虫, possiamo constatare che :

- 19 caratteri designano animali, dal pidocchio al serpente
- 4 caratteri si riferiscono a prodotti animali : uova, miele, cera...
- 4 caratteri descrivono i movimenti dei vermi e dei serpenti
- 3 caratteri non hanno niente a che vedere con il mondo animale.

In poche parole, il radicale 虫 fornisce un indizio rispetto al significato di 27 caratteri su 30 elencati sotto questo stesso radicale 虫 nei dizionari.

Molti di voi si chiederanno sicuramente perché i riformisti cinesi più zelanti non abbiano deciso di abolire i caratteri cinesi per rimpiazzarli con il pinyin. Questa domanda trova una risposta evidente nella massa di parole diverse raggruppate sotto un solo indice pinyin.

Vediamo ora il modo in cui gli antichi scrivani hanno utilizzato i suoni per ampliare le loro possibilità d'espressione, creando dei caratteri nuovi. È chiaro che i caratteri cinesi utilizzati per l'indicazione fonetica non traducono una sonorità precisa, come fanno invece le lettere del nostro alfabeto, dove « B » suona sempre come la « B » in « bacio » e « T » come la « T » in « tavolo ». I caratteri presi in prestito per cause fonetiche si limitano a suggerire che il suono del carattere completo possiede qualche similitudine con il suono dell'elemento prestato.

Continuiamo ora, in base all'eccellente principio cinese secondo cui una sola immagine dice quanto diecimila parola, con altri esempi di prestiti di caratteri a vocazione fonetica. Con molta fortuna possiamo capitare su una combinazione formata da un primo carattere familiare, usato come radicale per suggerire un campo semantico, e un secondo carattere conosciuto, che evoca un suon.

Purtroppo il sistema non è spesso così benevolo. Il principio fonetico apporta comunque un aiuto prezioso alla memoria, per quanto impreciso.

I quattro esempi seguenti presentano la stessa forma pinyin e lo stesso tono, ma ognuno di loro ha perso il suo valore semantico ed è diventato un indicatore fonetico.

CARATTERE	SIGNIFICATO DELLA COMBINAZIONE	ELEMENTI DELLA COMBINAZIONE	PINYIN
生	Dare luce, allevare, fare crescere, vita	生 come radicale	shēng
笙	Piccolo strumento musicale a forma di zucca	竹 come radicale ; 生 come indicatore fonetico	shēng
甥	Il figlio di una sorella (nipote)	生 è il radicale, ed è usato anche come indicatore fonetico	shēng
牲	Animale sacrificale	牜 è il radicale ; 生 dà l'indicazione fonetica	shēng

Tabella 13 : Esempi di prestiti fonetici

L'apprendimento dei caratteri cinesi può essere sconcertante per le persone che hanno bisogno di appoggiarsi su un insieme di regole precise. In questa lezione è apparso che le regole usate per i sinogrammi sono spesso fluttuanti o vaghe. Tuttavia, sappiamo per esperienza che quanti più caratteri imparerete o memorizzerete, tanto più facile diventerà farlo. Se più di un miliardo di persone possono servirsene quotidianamente per comunicare, perché voi non dovreste ? Il miglior consiglio che possiamo darvi per il futuro è 加油 (« Jiāyóu », tenete duro, non mollate !)

IL CINESE PRATICO

Nella tabella qui sotto, trascrivete in caratteri cinesi gli equivalenti dei soggetti o dei possessivi corrispondenti.

	Io Il mio, la mia, i miei / le mie	
	Il suo, la sua, i suoi / le sue (possessore uomo)	
	Lei (donna) Il suo, la sua, i suoi / le sue (possessore donna)	
	Loro (donne) (Il / la / i / le) loro (pos- sessori donne)	
	Loro (uomini) (Il / la / i / le) loro (pos- sessori uomini)	
	Lo / la (neutro : animale o cosa) Il suo, la sua, i suoi / le sue (possessore neutro)	
	Loro (neutri : animali, cose) (Il / la / i / le) loro (pos- sessori neutri)	

IL CINESE PRATICO

Definizione	Utilizzare, impiegare, applicare
Evoluzione del carattere	肙 用 用 用
Ordine dei tratti	丿 门 月 月 用
Proverbio cinese	用心良苦

Brian Stewart

LA MIA PRIMA STORIA IN CINESE

Il lavoro svolto sui caratteri presentati nelle lezioni da 1 a 10 dovrebbe permettervi di leggere il seguente testo. A prima vista può sembrare impossibile, ma non temete: conoscete tutti i simboli utilizzati.

☞ Innanzitutto, cercate di capirne il senso globale. Sicuramente non sarà semplicissimo, ma provateci, carattere dopo carattere.

我的名字是王冰。我是西方人，十一月七日来了中国。中国是一个好地方，东西很好吃，中国人也很友好。我住在西安。西安的小吃很有名，不过冬天太冷了，1℃左右。

我有一个日本朋友，他一直想来中国。昨天他和他的妈妈来西安看我。现在他们住在我家。

今天早上我们去吃东西时，人太多了。我们去点东西时，有人占了我们的座位。我们又去了人少一点的一家店。我的朋友点了羊肉粉，他的妈妈不吃牛羊肉，点了鸡肉粉。我们没有点喝的东西，因为太贵了。

我们明天要去买香水。有一家店的香水很好。因为还想回来买很多东西，我办了VIP卡。

我的男朋友住在广西，从来没有见过他们。因为他们十二月五日前还在中国，我的男朋友会从广西过来见他们。

我的日本朋友在中国很开心，他们还想来中国。

☞ Tentate ora di procedere frase dopo frase. Fate riferimento alla nota che segue per i caratteri evidenziati:

我的名字是王冰。我是西方人，十一月七日来了中国。

中国是一个好地方，东西很好吃，中国人也很友好。

我住在西安。西安的小吃很有名，不过冬天太冷了，

1°C左右。

我有一个日本朋友，他一直想来中国。昨天他和他的

妈妈来西安看我。现在他们住在我家。

今天早上我们去吃东西时，人太多了。我们去点东西

时，有人占了我们的座位。我们又去了人少一点的一家

店。我的朋友点了羊肉粉，他的妈妈不吃牛羊肉，

点了鸡肉粉。我们没有点喝的东西，因为太贵了。

我们明天要去买香水。有一家店的香水很好。

因为还想回来买很多东西，我办了VIP卡。

我的男朋友住在广西，从来没有见过他们。因为他们十

二月五日前还在中国，我的男朋友会从广西过来见他们。

我的日本朋友在中国很开心，他们还想来中国。

☞ Nel testo precedente, ci sono diverse parole formate da due elementi (evidenziati) che non abbiamo studiato in quanto composti, ma di cui conoscete i caratteri individualmente. Ecco la loro traduzione e le spiegazioni corrispondenti:

名字 : Nome
王冰 : Cognome di una persona
中国 : « L'Impero di Mezzo » ; la Cina
地方 : « Sole + luogo » ; posto, luogo
友好 : « amichevole + buono » ; amichevole, simpatico
东西 : « Est + Ovest » ; oggetti (cibo, oggetti, cose, ecc.)
西安 : Xi'an, una città in Cina
冬天 : « Inverno + giorno » ; inverno
左右 : « sinistra + destra» ; circa, più o meno
日本 : « Sole + radice » ; il Giappone
朋友 : « Amico + amico » ; amico

一直 : « Una(volta) + sempre dritto » ; durante, da tanto tempo
昨天 : « Ieri + giorno » ; ieri
坐位 : « Sedile + luogo » ; sedia, sede
香水 : « Odorante + acqua » ; (del) profumo
广西 : La provincia di Guangxi
从来 : « Di (origine) + venire » ; mai
开心 : « Aperto + cuore » ; felice

☞ Traduzione :

Il mio nome è Wang Bing. Sono occidentale. Il 7 novembre sono arrivato in Cina. La Cina è un posto bellissimo, il cibo è molto buono, e i cinesi sono molto simpatici. Abito a Xi'an. I bar nelle stradine di Xi'an sono molto famosi, ma in inverno c'è troppo freddo, circa 1°C.

Ho un amico giapponese. Da tanto tempo voleva venire in Cina. Ieri, lui e sua madre sono arrivati a Xi'an a trovarmi. Ora sono ospitati a casa mia.

Stamattina, siamo andati a mangiare in uno snack bar, ma c'era troppa gente. Mentre stavamo ordinando, delle persone hanno preso le nostre sedie, allora siamo andati in un altro ristorante meno affollato. Il mio amico ha ordinato degli spaghetti alla carne di pecora. Sua madre non mangia né manzo né pecora, allora ha ordinato degli spaghetti al pollo. Non abbiamo preso bibite perché era troppo caro.

Domani andremo a comprare del profumo. C'è un'ottima profumeria nei dintorni. Siccome vogliamo comprarne in grandi quantità, abbiamo preso una carta VIP.

Il mio ragazzo vive nel Guangxi, non ha mai incontrato i miei amici. Siccome resteranno in Cina fino al 5 gennaio, il mio compagno verrà dal Guangxi per vederli.

I miei amici sono stati bene in Cina, pensano di ritornarci.

☞ Eccovi ora il testo in italiano, scritto in una forma che ricalca la sintassi cinese. Senza guardare il testo originale, riscrivetelo in cinese.

☐☐☐☐☐☐☐☐。 ☐☐☐☐☐, ☐☐☐☐☐☐☐☐☐☐。

Mio/nome/è/ Wang/Bing. Sono/occidentale. 11/mese/7/giorni/ arrivato/Cina.

☐☐☐☐☐☐☐☐☐, ☐☐☐☐☐☐, ☐☐☐☐☐☐☐☐。

Cina/è/un/grande (super)/posto, cose/molto/buone/mangiare, cinesi/persone/anche/molto/amichevoli.

☐☐☐☐☐☐。 ☐☐☐☐☐☐☐☐, ☐☐☐☐☐☐☐,

Io/vivere/in/Xi'an. Xi'an/di/piccolo + mangiare (snack)/molto/a + nome (famoso), ma/inverno/troppo/freddo,

1°C☐☐。
1°C/circa.

☐☐☐☐☐☐☐☐☐, ☐☐☐☐☐☐☐☐。 ☐☐☐☐☐☐☐

Io/ho/un/Giappone/amico, lui/sempre/voleva/venire in/Cina. Ieri/lui/e/la sua

☐☐☐☐☐☐☐☐。 ☐☐☐☐☐☐☐☐☐。

mamma/arrivato/Xi'an/vedere/me. Adesso/loro/vivere/a/mia/casa.

☐☐☐☐☐☐☐☐☐☐☐☐, ☐☐☐☐☐。 ☐☐☐☐☐☐☐

Oggi/mattina/noi/andati/mangiare/cose/tempo (=nel momento in cui), persone/troppo/tanto. Noi/andati/ordinare/cose

□, □□□□□□□□□。 □□□□□□□□□□□

tempo/c'era/persone/occupato/nostre/sedie. Noi/ancora/andati/
persone/meno/un+po'/di

□□□。 □□□□□□□□□, □□□□□□□□□□□,

un/casa+bottega(=ristorante). Il mio/amico/ordinato/pecora/carne/
spaghetti, sua/madre/non/mangiare/manzo/pecora/carne,

□□□□□。□□□□□□□□□□, □□□□□□。

ordinato/pollo/carne/spaghetti.   Noi/non/ordinato/
bevanda+cose(=bevande), perché/troppo/caro.

□□□□□□□□□□。 □□□□□□□□□□。

Noi/domani/vogliamo/comprare/profumo. C'è/un/
casa+bottega(=negozio)/di/profumo/molto/buono.

□□□□□□□□□□□, □□□VIP□。

Perché/anche/pensiamo/ritornare/comprare/molte/cose, noi/fat-
to/VIP/carta.

□□□□□□□□□, □□□□□□□□□。 □□□□□

Mio/compagno/vive/in/Guangxi, di+venire(=mai)/incontrato/
loro. Perché/loro

□□□□□□□□□□□, □□□□□□□□□□□□□□□。

12(esimo) mese/5(quinto) giorno/prima/sempre/in/Cina, mio/
compagno/vuole/di/Guangxi/venire/vedere/loro.

□□□□□□□□□□□□□□, □□□□□□□□。

Miei/Giappone/amici/in/Cina/molto/felici, loro/ancora/pensare/venire
in/Cina.

LA LINGUA PIU' DIFFICILE DEL MONDO ?

Non c'è un metodo convenzionale per classificare le diverse lingue del globo in base al loro grado di difficoltà. Alcune lingue sono più difficili da pronunciare, mentre altre possiedono una sintassi o una grammatica più complesse. Alcune si scrivono con l'alfabeto latino, mentre il giapponese ad esempio usa i pittogrammi. Gli arabi si servono di una sorta d'alfabeto in cui gli elementi si combinano fluidamente da destra verso sinistra, i russi scrivono in cirillico; i greci usano l'alfabeto greco, e coesistono attraverso tutta l'Asia delle scritture derivate dal sanscrito che rimangono totalmente intelligibili al neofito.

D'altra parte, centinaia di linguaggi sono esistiti sotto una forma esclusivamente orale prima che i missionari arrivassero e dovessero inventare una versione scritta per editare i Libri Santi nella lingua locale. Così, in Vietnam e nelle Fiji, i missionari (rispettivamente francesi cattolici romani e scozzesi presbiteriani) hanno apportato diverse soluzioni di trascrizione fonetica che hanno attraversato le prove del tempo.

Il cinese, che è senza dubbio la lingua più utilizzata del mondo, è tuttavia rimasto legato alla sua forma pittografica. La parallela adozione di una versione scritta, basata sull'alfabeto fonetico latino (pinyin), ha reso più agevole l'insegnamento e la ricerca nei dizionari, ma non riesce a motivare l'abbandono della scrittura tradizionale in suo favore. E non è solo una questione di nostalgia. Il cinese orale comporta troppe parole che si trascrivono in modo identico in pinyin, e solo i quattro toni possono aiutare a diversificare, in parte, questi omofoni.

Per esempio, la banca dati Unihan elenca centinaia di parole sotto la sillaba « ji »: se è relativamente semplice differenziare queste parole sotto la loro forma pittografica, questo si rivela impossibile in pinyin.

Tutte le lingue provocano anche delle reazioni idiosincrasiche: definire quella che sarà la più difficile da assimilare è molto soggettivo, e dipende essenzialmente dalle attitudini di ogni studente.

Molti paesi esterni all'Europa presentano lingue « benevole » per i debuttanti europei: hanno adottato un buon numero delle nostre parole, o delle radici che ci sono familiari, possiedono una grammatica e una sintassi semplificate, e si scrivono con il nostro alfabeto. Sotto questo punto di vista, il malese si situa in cima alla lista delle lingue più simpatiche per un principiante: è adeguatamente cosparso di parole prese in prestito all'olandese, al portoghese, allo spagnolo, all'arabo, all'indi o ancora all'inglese.

Ma, a differenza della Malesia, la Cina non ha importato o adottato molte parole straniere, e la domanda se il cinese merita la sua reputazione di lingua più difficile del mondo resta aperta. In ogni caso, non possiamo negare che abbiamo bisogno di molto più tempo per imparare il cinese scritto che per una lingua a trascrizione alfabetica.

La lingua parlata non comporta grandi quantità di suoni difficili, ma la padronanza dei toni – sapere utilizzare il tono adeguato a dare il senso ad ogni parola – necessita di allenamento e di tempo, cosa che pochi studenti possono dedicare al soggetto. I cinesi devono essere un popolo particolarmente paziente, per perdonare gli stranieri che torturano in questo modo la loro lingua ancestrale.

La combinazione del suo scritto pittografico, dei suoi toni, delle sue masse di omofoni e di un lessico che deve molto poco alle altre lingue, piazza certamente il cinese nel gruppo in testa delle lingue del pianeta più difficili da imparare. Ma se si tratta di giudicare il cinese nel suo uso corrente e non in una situazione di apprendimento, la percezione cambia. Una volta imparato un sinogramma, e qualunque sia il suo numero di tratti, lo si leggerà più rapidamente di una parola lunga in caratteri latini. Come nella situazione inversa, voler scrivere velocemente in cinese può realmente avverarsi molto rapido, e non è necessario preoccuparsi o di grammatica o di sintassi. Vi state lanciando nello studio di una delle lingue più antiche e difficili del mondo, ma i misteri che riuscirete a poco a poco a decifrare vi offriranno molto divertimento e soddisfazione.

LETTURE COMPLEMENTARI

Per tutti coloro che desiderano approfondire il soggetto, ecco qui alcuni consigli di letture complementari. In primo luogo, esiste il Grand Ricci, formato da diversi tomi di cui ognuno è diviso in sotto-volumi. L'insieme, fornirà al lettore più incallito di che dedicare la vita intera a tutto ciò che riguarda il cinese: i campi trattati sono incredibilmente vasti.

Quanto ai dizionari, la scelta è ampia. Lo Shuo Wen, datato dell'anno 100 DC, e il Dizionario Kang XI del diciottesimo secolo, forniscono una solida base che integra i caratteri usati fino alla fine del secondo millennio. Lo Shuo Wen offre molto spesso delle spiegazioni di ordine etimologico. Tra le pubblicazioni più interessanti sulla lingua cinese figurano XXX « Hanzi Mima », in due volumi, di Tang Han, pubblicato a Shanghai nel 2002, e 汉字密码 « Hanzi Mima » en 2 volumes, de Tang Han, publié à Shanghai en 2002, et 汉字的故事 « Hanzi de Gushi », di Yu Nairao, pubblicato a Pechino nel 2005. Queste due opere presentano eccellenti esempi di scrittura antica.

Esistono numerosi siti Internet riguardanti la lingua cinese, e molto sono creati puntualmente. Ecco qualche indirizzo interessante :

- http://www.zdic.net, la banca dati più completa sui caratteri cinesi (solo in lingua cinese)
- http://www.zhongwen.com, una fonte interessante sul senso di circa seimila caratteri (in inglese)
- http://unicode.org/charts/unihan.html, fornisce un motore di ricerca riguardo la banca dati Unicode Han (Unihan)
- http://www.pleco.com, dizionario elettronico completo inglese/cinese e cinese/inglese per telefoni cellulari. Consultate http://www.wenlin.com per la versione PC (Windows/Mac/Linux)

                                                          Buona ricerca!

考

Definizione	Verificare, controllare, dare un esame
Evoluzione del carattere	羑 考 𦒹 考
Ordine dei tratti	一 十 土 耂 耂 考
Proverbio cinese	考慮再三

TEST FINALE 1: SCRITTURA

È ora il vostro turno di scrivere ognuno dei caratteri che avete imparato. In caso di difficoltà, consultate la lezione corrispondente al numero del carattere in questione.

1	一		18	点		35	心	
2	二		19	店		36	想	
3	三		20	床		37	日	
4	十		21	去		38	白	
5	人		22	在		39	勺	
6	个		23	王		40	的	
7	大		24	主		41	百	
8	太		25	住		42	是	
9	天		26	国		43	早	
10	从		27	因		44	昨	
11	内		28	木		45	口	
12	肉		29	林		46	喝	
13	土		30	森		47	禾	
14	坐		31	休		48	和	
15	广		32	本		49	香	
16	座		33	目		50	吃	
17	占		34	相		51	品	

52	回		72	们		92	话
53	女		73	问		93	活
54	了		74	间		94	月
55	子		75	买		95	朋
56	好		76	卖		96	明
57	安		77	又		97	有
58	字		78	双		98	今
59	家		79	友		99	冷
60	妈		80	没		100	户
61	吗		81	刀		101	万
62	骂		82	米		102	方
63	石		83	来		103	房
64	码		84	粉		104	上
65	田		85	水		105	下
66	力		86	冰		106	卡
67	办		87	汁		107	直
68	为		88	千		108	具
69	男		89	开		109	真
70	果		90	古		110	寸
71	门		91	舌		111	对

112	过	
113	时	
114	村	
115	树	
116	贝	
117	见	
118	贵	
119	现	
120	立	
121	产	
122	位	
123	站	
124	小	
125	少	
126	尖	
127	夕	
128	多	
129	名	
130	句	
131	不	

132	还	
133	看	
134	会	
135	我	
136	你	
137	也	
138	地	
139	他	
140	她	
141	它	
142	东	
143	南	
144	西	
145	北	
146	要	
147	前	
148	后	
149	左	
150	右	
151	中	

152	很	
153	春	
154	夏	
155	秋	
156	冬	
157	鼠	
158	牛	
159	虎	
160	兔	
161	龙	
162	蛇	
163	马	
164	羊	
165	猴	
166	鸡	
167	狗	
168	猪	

Sarete ora in grado di riconoscere i caratteri della tabella qui sotto ? Osservateli attentamente : dovrebbero esservi familiari !

A	四		D	七		G	百
B	五		E	八		H	万
C	六		F	九		I	千

TEST FINALE 2: SIGNIFICATO

Trascrivete il senso di ognuno dei caratteri che abbiamo studiato. In caso di difficoltà, consultate la lezione corrispondente al numero del carattere in questione.

1	一		12	肉	
2	二		13	土	
3	三		14	坐	
4	十		15	广	
5	人		16	座	
6	个		17	占	
7	大		18	点	
8	太		19	店	
9	天		20	床	
10	从		21	去	
11	内		22	在	

23	王		43	早	
24	主		44	昨	
25	住		45	口	
26	国		46	喝	
27	因		47	禾	
28	木		48	和	
29	林		49	香	
30	森		50	吃	
31	休		51	品	
32	本		52	回	
33	目		53	女	
34	相		54	了	
35	心		55	子	
36	想		56	好	
37	日		57	安	
38	白		58	字	
39	勺		59	家	
40	的		60	妈	
41	百		61	吗	
42	是		62	骂	

63	石		83	来	
64	码		84	粉	
65	田		85	水	
66	力		86	冰	
67	办		87	汁	
68	为		88	千	
69	男		89	开	
70	果		90	古	
71	门		91	舌	
72	们		92	话	
73	问		93	活	
74	间		94	月	
75	买		95	朋	
76	卖		96	明	
77	又		97	有	
78	双		98	今	
79	友		99	冷	
80	没		100	户	
81	刀		101	万	
82	米		102	方	

103	房		123	站	
104	上		124	小	
105	下		125	少	
106	卡		126	尖	
107	直		127	夕	
108	具		128	多	
109	真		129	名	
110	寸		130	句	
111	对		131	不	
112	过		132	还	
113	时		133	看	
114	村		134	会	
115	树		135	我	
116	贝		136	你	
117	见		137	也	
118	贵		138	地	
119	现		139	他	
120	立		140	她	
121	产		141	它	
122	位		142	东	

143	南	
144	西	
145	北	
146	要	
147	前	
148	后	
149	左	
150	右	
151	中	
152	很	
153	春	
154	夏	
155	秋	
156	冬	
157	鼠	
158	牛	
159	虎	
160	兔	
161	龙	
162	蛇	
163	马	

164	羊	
165	猴	
166	鸡	
167	狗	
168	猪	

Riuscirete ora a capire i caratteri della tabella qui sotto ? Osservateli attentamente : dovrebbero esservi familiari !

A	四	
B	五	
C	六	
D	七	
E	八	
F	九	
G	十	

Se non riuscite a trovare il loro significato, consultate la prima pagina dei capitoli da quattro a dieci.

TEST FINALE 3: I RADICALI

Trascrivete i radicali di ogni carattere e barrate la casella corrispondente al loro significato. In caso di difficoltà, consultate le lezioni dedicate ai radicali (due e otto).

#	RADICALE	SIGNIFICATO	ESEMPIO
1		☐ Cibo ☐ Uomo	从
2		☐ Mano ☐ Insetto	打
3		☐ Luna ☐ Sole	明
4		☐ Carne ☐ Tavolo	肺
5		☐ Legno ☐ Carne	相
6		☐ Ghiaccio ☐ Acqua	泳
7		☐ Luce ☐ Fuoco	灯
8		☐ Malattia ☐ Recipiente	病
9		☐ Occhio ☐ Luna	眼
10		☐ Carne ☐ Fiamma	朕
11		☐ Musica ☐ Insetto	蛇
12		☐ Fiore ☐ Ghiaccio	冰
13		☐ Parola ☐ Viaggio	讲
14		☐ Coltello ☐ Tetto	召
15		☐ Bocca ☐ Casa	否

#	RADICALE	SIGNIFICATO	ESEMPIO
16		☐ Legno ☐ Animale	犸
17		☐ Acqua ☐ Lingua	讯
18		☐ Animale ☐ Racine	羚
19		☐ Pesce ☐ Linguaggio	鲐
20		☐ Pianta ☐ Casa	花
21		☐ Animale ☐ Pelo	彪
22		☐ Albero ☐ Animale	驼
23		☐ Malattia ☐ Meteo	病
24		☐ Occhio ☐ Cibo	盲
25		☐ Animale ☐ Tessuto	狍
26		☐ Animale ☐ Fiore	牡
27		☐ Campo ☐ Ghiaccio	男
28		☐ Tetto ☐ Strumento musicale	官
29		☐ Liquido ☐ Porta	闯
30		☐ Tetto ☐ Ballerino	家

TEST FINALE 4 : PINYIN

Trascrivete ognuno dei seguenti caratteri in pinyin. In caso di difficoltà, consultate la lezione dieci.

#	CAR.	PINYIN
1	一	
2	二	
3	三	
4	十	
5	人	
6	个	
7	大	
8	太	
9	天	
10	从	
11	内	
12	肉	
13	土	
14	坐	
15	广	
16	座	
17	占	

#	CAR.	PINYIN
18	点	
19	店	
20	床	
21	去	
22	在	
23	王	
24	主	
25	住	
26	国	
27	因	
28	木	
29	林	
30	森	
31	休	
32	本	
33	目	
34	相	

#	CAR.	PINYIN
35	心	
36	想	
37	日	
38	白	
39	勺	
40	的	
41	百	
42	是	
43	早	
44	昨	
45	口	
46	喝	
47	禾	
48	和	
49	香	
50	吃	
51	品	

#	CAR.	PINYIN	#	CAR.	PINYIN	#	CAR.	PINYIN
52	回		72	们		92	话	
53	女		73	问		93	活	
54	了		74	间		94	月	
55	子		75	买		95	朋	
56	好		76	卖		96	明	
57	安		77	又		97	有	
58	字		78	双		98	今	
59	家		79	友		99	冷	
60	妈		80	没		100	户	
61	吗		81	刀		101	万	
62	骂		82	米		102	方	
63	石		83	来		103	房	
64	码		84	粉		104	上	
65	田		85	水		105	下	
66	力		86	冰		106	卡	
67	办		87	汁		107	直	
68	为		88	千		108	具	
69	男		89	开		109	真	
70	果		90	古		110	寸	
71	门		91	舌		111	对	

#	CAR.	PINYIN
112	过	
113	时	
114	村	
115	树	
116	贝	
117	见	
118	贵	
119	现	
120	立	
121	产	
122	位	
123	站	
124	小	
125	少	
126	尖	
127	夕	
128	多	
129	名	
130	句	
131	不	

#	CAR.	PINYIN
132	还	
133	看	
134	会	
135	我	
136	你	
137	也	
138	地	
139	他	
140	她	
141	它	
142	东	
143	南	
144	西	
145	北	
146	要	
147	前	
148	后	
149	左	
150	右	
151	中	

#	CAR.	PINYIN
152	很	
153	春	
154	夏	
155	秋	
156	冬	
157	鼠	
158	牛	
159	虎	
160	兔	
161	龙	
162	蛇	
163	马	
164	羊	
165	猴	
166	鸡	
167	狗	
168	猪	

APPENDICE

LISTA DEI CARATTERI IN BASE AL LORO SIGNIFICATO ITALIANO

Qui in seguito troverete il corpus lessicale dei caratteri abbordati nelle lezioni principali. Sono esclusi i caratteri utilizzati nei proverbi e quelli dello zodiaco, la cui maggior parte non figura nelle liste di insegnamenti indispensabili. Non dimenticate che i caratteri presentano spesso un ampio raggio di significati simili o diversi, ad esempio : 门 può significare un portone o una porta ; 信 può voler dire sincero oppure credere ; 利 può tradursi con ago ma anche con beneficio ; 日 con sole o giorno. I diversi significati o concetti indicati dai caratteri sono descritti nelle lezioni.

DEFINZIONE	FORMA SEMPLIFICATA /TRADIZIONALE	NUMERO DEL CARATTERE
1	一	1
2	二	2
3	三	3
4	四	4
5	五	Pag. 58
6	六	Pag. 71
7	七	Pag. 86
8	八	Pag. 100
9	九	Pag. 109
10	十	Pag. 114
100	百	41
1 000	千	88

DEFINIZIONE	FORMA SEMPLIFICATA /TRADIZIONALE	NUMERO DEL CARATTERE
10 000	万	101
A		
Abitare	住	25
Acqua	水	85
Albero	树	115
Amico	友	79
Amico	朋	95
Anche	也	137
Ancora	还	132
Ancora (una volta)	又	77
Andare	去	21

Brian Stewart

DEFINIZIONE	FORMA SEMPLIFICATA /TRADIZIONALE	NUMERO DEL CARATTERE
Antico	古	90
Apparenza	相	34
Apparire	现	119
Aprire	开	89
Articolo	品	51
Autunno	秋	155
Avere	有	97
B		
Bere	喝	46
Bianco	白	38
Bocca	口	45
Bue/Manzo	牛	158
Buono	好	56
C		
Calma	安	57
Campo	田	65
Cane	狗	167
Carne	肉	12
Caro	贵	118
Carta	卡	106
Casa	房	103
Casa	家	59
Cavallo	马	163
Centro	中	151
Chiaro	明	96

DEFINIZIONE	FORMA SEMPLIFICATA /TRADIZIONALE	NUMERO DEL CARATTERE
Chiedere	问	73
Coltello	刀	81
Comprare	买	75
Conchiglie	贝	116
Coniglio	兔	160
Corretto	对	111
Crepuscolo	夕	127
Cucchiaio	勺	39
Cuore	心	35
D		
Dentro	内	11
Destra	右	150
Di (possessivo)	的	40
Dietro	后	148
Direzione	方	102
Donna	女	53
Drago	龙	161
Dritto	直	107
E		
E	和	48
Esame	考	Pag. 129
Essere	是	42
Essere qua	站	123
Est	东	142

DEFINZIONE	FORMA SEMPLIFICATA /TRADIZIONALE	NUMERO DEL CARATTERE
Estate	夏	154
F		
Famiglia (focolare)	户	100
Fare	办	67
Figlio	子	55
Foresta	林	29
Foresta fitta	森	30
Forza	力	66
Frase	句	130
Freddo	冷	99
Frutto	果	70
G		
Ghiaccio	冰	86
Giorno	日	37
Giorno	天	9
Grande	大	7
I		
Ieri	昨	44
In piedi	立	120
Individuo	个	6
Inverno	冬	156
Io	我	135
L		
La causa	因	27
Legno	木	28

DEFINZIONE	FORMA SEMPLIFICATA /TRADIZIONALE	NUMERO DEL CARATTERE
Lei	她	140
Lettera	字	58
Letto	床	20
Lingua	舌	91
Linguaggio	话	92
Lo (oggetto)	它	141
Lui	他	139
M		
Madre	妈	60
Maestro	主	24
Maiale	猪	168
Mangiare	吃	50
Marca plurale dei pronomi	们	72
Mese	月	94
Miglio	禾	47
Molto	多	128
N		
Negozio	店	19
Nome	名	129
Non	不	131
Non	没	80
Nord	北	145
Nozione temporale	了	54

DEFINZIONE	FORMA SEMPLIFICATA /TRADIZIONALE	NUMERO DEL CARATTERE
Numero	码	64
O		
Occhio	目	33
Occupare	占	17
Odorante	香	49
Oggi	今	98
Ora	时	113
Ovest	西	144
P		
Paese	国	26
Paio	双	78
Passare (tempo)	过	112
Pecora	羊	164
Pensare	想	36
Perché (risposta)	为	68
Piccolo	小	124
Poco	少	125
Pollice (misura)	寸	110
Pollo	鸡	166
Polvere	粉	84
Porta	门	71
Posizione	位	122
Potere	会	134

DEFINZIONE	FORMA SEMPLIFICATA /TRADIZIONALE	NUMERO DEL CARATTERE
Po' (un)	点	18
Presto	早	43
Prima (tempo)	前	147
Primavera	春	153
Produrre	产	121
Punto (d'ago)	尖	126
(?) Punto interrogativo	吗	61
R		
Radice	本	32
Ratto	鼠	157
Re	王	23
Realmente	真	109
Rimproverare	骂	62
Riposarsi	休	31
Riso	米	82
Rivenire	回	52
Roccia	石	63
S		
Scimmia	猴	165
Sede	座	16
Sedersi	坐	14
Serpente	蛇	162
Sinistra	左	149
Situato a/in	在	22

DEFINZIONE	FORMA SEMPLIFICATA /TRADIZIONALE	NUMERO DEL CARATTERE
Strumento	具	108
Succo	汁	87
Sud	南	143
T		
Tanto	很	152
Terra	土	13
Terra/Sole	地	138
Tigre	虎	159
Tra	间	74
Troppo	太	8
Tu	你	136
U		
Uomo	男	69
Uomo(umano)	人	5

DEFINZIONE	FORMA SEMPLIFICATA /TRADIZIONALE	NUMERO DEL CARATTERE
Utilizzare	用	Pag. 129
V		
Vasto	广	15
Vedere	见	117
Vedere	看	133
Vendere	卖	76
Venire	来	83
Venire da	从	10
Verso il basso	下	105
Verso l'alto	上	104
Villaggio	村	114
Vita	活	93
Volere	要	146

Tabella 14 : Lista dea caratteri in base al loro significato italiano

LISTA DEI CARATTERI IN BASE AL NUMERO DI TRATTI

Le tableau ci-dessous classe selon leur nombre de traits les caractères que nous avons étudiés. Comme cet ouvrage met l'accent sur la version simplifiée des sinogrammes, seule cette dernière figure ici.

NUMERO DI TRATTI	CARATTERE	PINYIN	NUMERO DEL CARATTERE
1	一	yī	1
2	七	qī	Pag. 86
2	九	jiǔ	Pag. 109

NUMERO DI TRATTI	CARATTERE	PINYIN	NUMERO DEL CARATTERE
2	了	le	54
2	二	èr	2
2	人	rén	5

NUMERO DI TRATTI	CARATTERE	PINYIN	NUMERO DEL CARATTERE	NUMERO DI TRATTI	CARATTERE	PINYIN	NUMERO DEL CARATTERE
2	八	bā	Pag. 100	4	从	cóng	10
2	刀	dāo	81	4	六	liù	Pag. 71
2	力	lì	66	4	内	nèi	11
2	十	shì	Pag. 114	4	办	bàn	67
3	万	wàn	101	4	友	yǒu	79
3	三	sān	3	4	双	shuāng	78
3	上	shàng	104	4	天	tiān	9
3	下	xià	105	4	太	tài	8
3	个	gè	6	4	少	shǎo	125
3	也	yě	137	4	开	kāi	89
3	勺	sháo	39	4	心	xīn	35
3	千	qiān	88	4	户	hù	100
3	口	kǒu	45	4	方	fāng	102
3	土	tǔ	13	4	日	rì	37
3	大	dà	7	4	月	yuè	94
3	女	nǔ	53	4	木	mù	28
3	子	zǐ	55	4	水	shuǐ	85
3	寸	cùn	110	4	牛	niú	158
3	小	xiǎo	124	4	王	wáng	23
3	广	guǎng	15	4	见	jiàn	117
3	门	mén	71	4	贝	bèi	116
3	马	mǎ	163	5	东	dōng	142
3	夕	xī	127	5	主	zhǔ	24
4	不	bù	131	5	他	tā	139
4	中	zhōng	151	5	们	men	72
4	为	wèi	68	5	冬	dōng	156
4	五	wǔ	Pag. 58	5	北	běi	145
4	今	jīn	98	5	占	zhàn	17

NUMERO DI TRATTI	CARATTERE	PINYIN	NUMERO DEL CARATTERE	NUMERO DI TRATTI	CARATTERE	PINYIN	NUMERO DEL CARATTERE
5	卡	kǎ	106	6	回	huí	52
5	去	qù	21	6	因	yīn	27
5	古	gǔ	90	6	在	zài	22
5	句	jù	130	6	地	dì	138
5	右	yòu	150	6	多	duō	128
5	四	sì	4	6	她	tā	140
5	它	tā	141	6	好	hǎo	56
5	对	duì	111	6	妈	mā	60
5	左	zuǒ	149	6	字	zì	58
5	本	běn	32	6	安	ān	57
5	汁	zhī	87	6	尖	jiān	126
5	田	tián	65	6	早	zǎo	43
5	白	bái	38	6	有	yǒu	97
5	目	mù	33	6	百	bǎi	41
5	石	shí	63	6	米	mǐ	82
5	禾	hé	47	6	舌	shé	91
5	立	lì	120	6	考	kǎo	Pag. 139
5	龙	lóng	161	7	位	wèi	122
5	用	yòng	Pag. 129	7	住	zhù	25
6	买	mǎi	75	7	你	nǐ	136
6	产	chǎn	121	7	冷	lěng	99
6	休	xiū	31	7	坐	zuò	14
6	会	huì	134	7	床	chuáng	20
6	冰	bīng	86	7	我	wǒ	135
6	吃	chī	50	7	时	shí	113
6	名	míng	129	7	村	cūn	114
6	后	hòu	148	7	来	lái	83
6	吗	ma	61	7	没	méi	80

NUMERO DI TRATTI	CARATTERE	PINYIN	NUMERO DEL CARATTERE	NUMERO DI TRATTI	CARATTERE	PINYIN	NUMERO DEL CARATTERE
7	男	nán	69	9	昨	zuó	44
7	还	hái	132	9	是	shì	42
7	间	jiān	74	9	树	shù	115
7	鸡	jī	166	9	活	huó	93
8	兔	tù	160	9	点	diǎn	18
8	具	jù	108	9	相	xiāng	34
8	卖	mài	76	9	看	kàn	133
8	和	hé	48	9	秋	qiū	155
8	国	guó	26	9	要	yào	146
8	店	diàn	19	9	贵	guì	118
8	房	fáng	103	9	香	xiāng	49
8	明	míng	96	9	骂	mà	62
8	朋	péng	95	10	夏	xià	154
8	林	lín	29	10	家	jiā	59
8	果	guǒ	70	10	座	zuò	16
8	狗	gǒu	167	10	真	zhēn	109
8	现	xiàn	119	10	站	zhàn	123
8	的	de	40	10	粉	fěn	84
8	直	zhí	107	11	猪	zhū	168
8	码	mǎ	64	11	蛇	shé	162
8	虎	hǔ	159	12	森	sēn	30
8	话	huà	92	12	猴	hóu	165
9	前	qián	147	12	喝	hē	46
9	南	nán	143	13	想	xiǎng	36
9	品	pǐn	51	13	鼠	shǔ	157
9	很	hěn	152				
9	春	chūn	153				

Tabella 15 : Lista dei caratteri in base al numero di tratti

LISTA DEI 214 RADICALI KANGXI

La seguente lista contiene la totalità dei 214 radicali Kangxi, apparsa nello Zihui del 1615 e successivamente adottata e resa popolare dal dizionario Kangxi del 1716. È basata sul numero di tratti di ogni radicale e fornisce qualche esempio di caratteri che lo contengono. Questa lista è diventata così comune che a volte ci si riferisce ad un radicale semplicemente attraverso il suo numero ordinario. Se evochiamo, ad esempio, il « radicale 61 », senza alcun riferimento contestuale vogliamo dire 心.

一	丨	丶	丿	乙	亅	二	亠	人	儿	入	八	冂	冖	冫	几
凵	刀	力	勹	匕	匚	匸	十	卜	卩	厂	厶	又	口	囗	土
士	夂	夊	夕	大	女	子	宀	寸	小	尢	尸	屮	山	巛	工
己	巾	干	幺	广	廴	廾	弋	弓	彐	彡	彳	心	戈	戶	手
支	攴	文	斗	斤	方	无	日	曰	月	木	欠	止	歹	殳	毋
比	毛	氏	气	水	火	爪	父	爻	爿	片	牙	牛	犬	玄	玉
瓜	瓦	甘	生	用	田	疋	疒	癶	白	皮	皿	目	矛	矢	石
示	禸	禾	穴	立	竹	米	糸	缶	网	羊	羽	老	而	耒	耳
聿	肉	臣	自	至	臼	舌	舛	舟	艮	色	艸	虍	虫	血	行
衣	襾	見	角	言	谷	豆	豕	豸	貝	赤	走	足	身	車	辛
辰	辵	邑	酉	釆	里	金	長	門	阜	隶	隹	雨	青	非	面
革	韋	韭	音	頁	風	飛	食	首	香	馬	骨	高	髟	鬥	革
鬲	鬼	魚	鳥	鹵	鹿	麥	麻	黃	黍	黑	黹	黽	鼎	鼓	鼠
鼻	齊	齒	龍	龜	龠										

⺄	厂	一	乚	乁	亻	刂	几	勺	刂	卜	卩	屮	⺍	兀	允
九	允	冫	冰	灬	彳	彐	忄	扌	氵	攵	旡	曰	月	歺	母
民	纟	冈	四	衤	尢	小	犭	王	少	正	申	示	礻	白	糸
艹	虎	长	丢	西	见	角	阝	青	贝	车	辶	飞	食	齿	阝
钅	个	鱼	骨	长	门	鬼	鱼	鸟	卤	麦	韦	页	风	齐	食
龙		龟	龟	马	龟						黄	黾			竜

List of Unicode 'radicals' (AR PL UKai TW)

Tabella 15b : 214 radicali Kangxi + varianti in scrittura tradizionale cinese

<u>Nota</u>:

Il conteggio dei tratti nella tabella qui sotto è basato sulla serie tradizionale dei caratteri cinesi. Su 214 radicali, 24 sono stati semplificati.

NO.	RADICALE (VARIANTI)	NUMERO DI TRATTI	PINYIN	SIGNIFICATO	ESEMPI
96	[玉]王 (𤣩)	5	yù (wáng)	jade (Roi)	王玉主弄皇 理差圣

(𤣩) : Variante

王 : Cinese semplificato

[玉] : Cinese tradizionale

NO.	RADICALE (VARIANTI)	NUMERO DI TRATTI	PINYIN	SIGNIFICATO	ESEMPI
1	一	1	yī	Uno	七三不世
2	丨	1	gǔn	Linea	中
3	丶	1	zhǔ	Punto	丸主
4	丿	1	piě	Slash	久之乎
5	乛 (乙, 乁, 乚)	1	yǐ	Secondo	九也
6	亅	1	jué	Uncino	了事
7	二	2	èr	Due	五井些亚
8	亠	2	tóu	Coperchio	亡交京
9	人(亻)	2	rén	Uomo, umano	仁休位今
10	儿	2	ér	Gambe, figlio (=maschile di figlia)	兄元
11	入	2	rù	Entrare	入两
12	八	2	bā	Otto	公六共兵
13	冂	2	jiōng	Campagna aperta, campi	内再
14	冖	2	mī	Coperta	冗冠
15	冫	2	bīng	Ghiaccio	冬冶冷冻
16	几	2	jī	Tavolo	凡
17	凵	2	qǔ	Recipiente, bocca aperta	凶出函

NO.	RADICALE (VARIANTI)	NUMERO DI TRATTI	PINYIN	SIGNIFICATO	ESEMPI
18	刀(刂)	2	dāo	Coltello, spada	刀分切初利刻则前
19	力	2	lì	(Il) potere, forza	力加助勉
20	勹	2	bāo	Avvolgere, abbracciare	勾包
21	匕	2	bǐ	Cucchiaio	化北
22	匚	2	fāng	Scatola	匣
23	匸	2	xǐ	Recinto cieco	匹区
24	十	2	shí	Dieci, completo	十午半博
25	卜	2	bǔ	Divinazione	占卦
26	卩	2	jié	Sigillo, tampone	印危卯
27	厂	2	hàn, chǎng	Scogliera	厚原
28	厶	2	sī	Privato	去参
29	又	2	yòu	Ancora	友反取受
30	口	3	kǒu	Bocca, apertura	口古可名君否吴告周味命和哲唐善器
31	囗	3	wéi	Recinto	四回国图
32	土	3	tǔ	Terra	土在地型城场壁压
33	士	3	shì	Studente, single	士壹
34	夂	3	zhǐ	Andare	(夂)
35	夊	3	suī	Andare lentamente	夏
36	夕	3	xī	Sera, crepuscolo	夕外多夜
37	大	3	dà	Grande/grosso, tanto	大天奈奥
38	女	3	nǔ	Donna, Femmina, femminile	女好妄妻姊始姓姬
39	子	3	zǐ	Bambino, seme	子孔字学
40	宀	3	mián	Tetto	守家寒实
41	寸	3	cùn	Pollice	寸寺尊将
42	小	3	xiǎo	Piccolo, insignificante	小少
43	尢, 允	3	wāng	Zoppo, storpio	就
44	尸	3	shī	Corpo	尺局
45	屮	3	chè	Germoglio, germe	屯

NO.	RADICALE (VARIANTI)	NUMERO DI TRATTI	PINYIN	SIGNIFICATO	ESEMPI
46	山	3	shān	Montagna	山冈岩岛
47	巛 (川, 巜)	3	chuān	Fiume, riviera	川州巡
48	工	3	gōng	Lavoro	工左巫差
49	己巳 巳巴	3	jǐ	Se stesso (lui/lei-stesso/a)	己巳
50	巾	3	jīn	Turbante, sciarpa	市布帝常
51	干	3	gān	Secco	平年
52	幺	3	yāo	Corto, minuscolo	幻幼
53	广	3	guǎng	Tetto in pendenza, vasto, esteso	序店府度座庭 广厅
54	廴	3	yín	Grandi passi, falcate	延
55	廾	3	gǒng	Due mani, venti	弁
56	弋	3	yì	Tiro, freccia	式弑
57	弓	3	gōng	Arco	弓引弟弱弥
58	彐 (彑)	3	jì	Grugno (di maiale)	彖
59	彡	3	shān	Seta (=pelo), barba	形彦
60	彳	3	chì	(Un) passo, marcia	役彼后得德徽
61	心 (忄小)	4	xīn	Cuore	必忙忌性恶 情想
62	戈	4	gē	Frecciata, lancia, alabarda	成式弎戰
63	戶, 户, 戸	4	hù	Porta (=uscio), casa	戶庆所
64	手 (扌龵)	4	shǒu	Mano	手持挂拳拜拳 掌擎举(打批技 抱押)
65	支	4	zhī	Ramo	竑攲
66	攴 (攵)	4	pū	Colpo secco	收叙数戮
67	文	4	wén	Scrittura, letteratura	文斋学斌斐 斑斓
68	斗	4	dǒu	Mestolo, tuffatore	料斡
69	斤	4	jīn	Ascia	所斧新斥斩 断
70	方	4	fāng	Quadrato, piazza	方放旅族

NO.	RADICALE (VARIANTI)	NUMERO DI TRATTI	PINYIN	SIGNIFICATO	ESEMPI
71	无	4	wú	Non (negazione)	无 无 既 皠
72	日	4	rì	Sole, giorno	日 白 百 明 的 映 时 晚
73	曰	4	yuē	Dire	书 最 晋 曷 曹 曾
74	月	4	yuè	Luna, mese	有 服 青 朝
75	木	4	mù	Albero	木 杢 板 相 根 森 楽 机 末 本 杉 林
76	欠	4	qiàn	Mancanza, sbadiglio	欣 钦 欧 欲 歌
77	止	4	zhǐ	Stop, fermata	正 步 此 步 武 歪 岁
78	歹 (歺)	4	dǎi	Morte, declino	死 列 殡
79	殳	4	shū	Arma, lancia	役 投 殴 殷
80	毋(母)	4	wú	Madre, non (=difesa di)	毋 母 每 姆 梅
81	比	4	bǐ	Comparare, concorrere	皆 批 毕 毖 毗 毚
82	毛	4	máo	Pelliccia, capigliatura	毡 毡 毦 毫 氄 耗
83	氏	4	shì	Clan, tribu	氏 民 纸 婚 氓
84	气	4	qì	Vapore, respirazione	氖 汽 氧
85	水 (氵,氺)	4	shuǐ	Acqua	水 永 泳 决 治 海 演 汉 濑
86	火 (灬)	4	huǒ	Fuoco	火 灯 毯 爆 (烈 烹 焦 然 煮)
87	爪 (爫)	4	zhǎo	Artiglio, serra, pinza	爬 再 争 爱 为
88	父	4	fù	Padre	斧 釜
89	爻	4	yáo	Misto, intreccio, incrocio	爼 爽 尔
90	爿	4	qiáng	Legna spaccata	床 奘 牒
91	片	4	piàn	(Una) fetta	版 牌 牒
92	牙	4	yá	Zanna (canina)	芽 呀 掌
93	牛 (牜)	4	niú	Mucca	告 牟 牧 物 特 解
94	犬 (犭)	4	quǎn	Cane	犬 犯 狂 狙 狗 献 獣

NO.	RADICALE (VARIANTI)	NUMERO DI TRATTI	PINYIN	SIGNIFICATO	ESEMPI
95	玄	5	xuán	Ombroso, scuro, profondo	弦兹
96	[玉]王 (⺩)	5	yù (wáng)	Giada (re)	王 玉 主 弄 皇 理 差 圣
97	瓜	5	guā	Melone	呱 瓞
98	瓦	5	wǎ	Tegola	瓯 瓷 甄
99	甘	5	gān	Dolce, zuccherato	柑 甜 酣
100	生	5	shēng	Vita	牲 笙 甥
101	用 (甩)	5	yòng	Utilizzare	佣 甫 宁
102	田	5	tián	Campo	田 町 思 留 略 番
103	疋 (⺪)	5	pǐ	Pezzo di tessuto	疏 楚 胥 延
104	疒	5	chuáng	Malattia	病 症 痛 癌 癣
105	癶	5	bō	Tinta macchiata	発 登
106	白	5	bái	Bianco	兑 的 皆 皇
107	皮	5	pí	Pelle	披 彼 波
108	皿	5	mǐn	(Un) piatto	盂 盏 盍 监 蘯
109	目	5	mù	Occhio	目 见 具 省 眠 眼 观 览
110	矛	5	máo	Lancia	茅 矜
111	矢	5	shǐ	Freccia	医 族 矩
112	石	5	shí	Roccia	石 岩 砂 破 碑 碧
113	示 (礻)	5	shì	Spirito, antenato	示 礼 社 奈 神 祭 视 禁 福
114	禸	5	róu	Pista	禹 禺 禽
115	禾	5	hé	Grano	利 私 季 和 科 香 秦 谷
116	穴	5	xué	Grotta	空 突 宵 窨 窝 窦 窦
117	立	5	lì	Stare in piedi, eretto	立 音 产 翌 意 新 端 亲 竞
118	竹 (⺮)	6	zhú	Bambù	竺 笑 第 等 简
119	米	6	mǐ	Riso	料 断 奥 糊 麟

NO.	RADICALE (VARIANTI)	NUMERO DI TRATTI	PINYIN	SIGNIFICATO	ESEMPI
120	[糸] 纟 (纟)	6	sī	Seta	系 级 纸 素 细 组 终 绘 紫
121	缶	6	fǒu	Recipiente, vaso	缶 缸 窑 陶
122	网 (罒, 冈, 罓)	6	wǎng	Filo, tela (di ragno)	买 罪 置 罗
123	羊 (羌)	6	yáng	Pecora	着 羚 翔 着
124	羽	6	yǔ	Piuma	习 翀 翁 翔
125	老 (耂)	6	lǎo	Vecchio, anziano	耆 孝 耋
126	而	6	ér	E, ma	耍 耐 耑
127	耒	6	lěi	Aratro, aratura	籽 粗 耦 耰
128	耳	6	ěr	Orecchio	取 闻 职 丛
129	聿 (肀)	6	yù	Spazzola	律 书 建
130	肉 (月)	6	ròu	Carne	肉 肖 股 胃 朕 脈
131	臣	6	chén	Ministro, funzionario	卧 宦 藏
132	自	6	zì	Se stesso	自 皃 臬 臲
133	至	6	zhì	Arrivare	致 臸 台
134	臼	6	jiù	Mortaio	柏 舅 舂 鼠 插
135	舌	6	shé	Lingua	乱 适 话 舍
136	舛	6	chuǎn	Opposto	舛 舜 舞
137	舟	6	zhōu	Battello	航 船 舰
138	艮	6	gēn	Fermata, scalo	良 饮 很
139	色	6	sè	Colore, carino	色 艴 艳
140	艸 (艹)	6	cǎo	Erba	共 花 英 苦 草 茶 落 幕 靴 鞄 薬
141	虍	6	hǔ	Tigre	虎 虐 彪 虓
142	虫	6	chóng	Insetto	蚯 蚓 强 触 蚁 蟹
143	血	6	xuè	Sangue	洫 盅 衃 众
144	行	6	xíng	Andare, fare	行 衍 术 冲
145	衣 (衤)	6	yī	Vestiti	衣 初 被 装 裁 复

NO.	RADICALE (VARIANTI)	NUMERO DI TRATTI	PINYIN	SIGNIFICATO	ESEMPI
146	西 (襾, 覀)	6	xī	Ovest	西 要 羁
147	[見]见	7	jiàn	Vedere	规 亲 觉 观
148	角	7	jiǎo	Corno	觚 解 粗 觥 触
149	[言] 讠 (訁)	7	yán	Discorso, parola	讲 讥 讵 评 词 诂 试 詧
150	谷	7	gǔ	Valle	溪 镪 谷
151	豆	7	dòu	Fagiolo	岂 丰 竖
152	豕	7	shǐ	Maiale	豕 豚 象
153	豸	7	zhì	Gatto, tasso	豹 貌 猫 貅 貉
154	[貝]贝	7	bèi	Conchiglia	财 贼 赐 赣 贫 货 贯 贸
155	赤	7	chì	Rosso, nudo	赫 赭
156	走 (赱)	7	zǒu	Correre	赴 起 超
157	足 (⻊)	7	zú	Piede	跑 跨 跟 跪 路
158	身	7	shēn	Corpo	躬 躲 躯
159	[車]车	7	chē	Carretto, macchina	轨 软 较 军 载
160	辛	7	xīn	Acre, amaro	辜 辟 辣 办 辨
161	辰	7	chén	Mattino	辱 农
162	辵 (辶, 辶, 辶)	7	chuò/ zouzhi	Camminare, passeggiata	巡 迎 通 追 逃 辶 迎 进
163	邑 (阝)	7	yì	Città (/, destra)	那 邦 郎 部 郭 都 乡
164	酉	7	yǒu	Vino, alcool	醉 酱 油 醒 酸
165	釆	7	biàn	Dividere, distinguere, scegliere	釉 释
166	里	7	lǐ	Villaggio, miglio (distanza)	野 野
167	金 ([釒]钅)	8	jīn	Metallo, oro	银 铜 钉 锐 铿 锫 鉎 铋 钳 钟 毁
168	[長]长 (镸)	8	cháng	Lungo, crescere/germogliare	镸 镽
169	[門]门	8	mén	Porta, portone	间 闲 关 闢 闭 开 闰 间 关

NO.	RADICALE (VARIANTI)	NUMERO DI TRATTI	PINYIN	SIGNIFICATO	ESEMPI
170	阜 (阝)	8	fù	Collinetta, sbarramento (/, sinistra)	阪 防 阻 陆 陉 院 险 陈
171	隶	8	lì	Schiavo, cattura	隶 隹
172	隹	8	zhuī	Uccellino	雀 集 雁 难 雀 雅
173	雨	8	yǔ	Pioggia	雾 霜 雪 霸 雪 云 雾
174	青, 青	8	qīng	Blu	靖 靖 静
175	非	8	fēi	Falso (erroneo)	靠 靠 辈
176	面 (靣)	9	miàn	Faccia, viso	腼 靥
177	革	9	gé	Cuoio grezzo, pelle non conciata	靴 鞍 鞅 鞍 鞭
178	[韋]韦	9	wéi	Cuoio conciato	韦 韩 韬
179	韭	9	jiǔ	Porro	韱 虀
180	音	9	yīn	Suono (rumore)	韶 韵 馨
181	[頁]页	9	yè	Foglia	顷 项 顺 须 领 头 颓 顶
182	[風]风	9	fēng	Vento	台 飘 飔 飚 飌
183	[飛]飞	9	fēi	Volare	翻 飝
184	食 ([飠]饣)	9	shí	Mangiare, cibo	饭 饮 饿 余 餐 养
185	首	9	shǒu	Testa	馗 馘
186	香	9	xiāng	Odore	馨 馫
187	[馬]马	10	mǎ	Cavallo	冯 驯 驰 驻 惊
188	骨	10	gǔ	Osso	骼 脏 髀 骱 骾
189	[高]高	10	gāo	Grande, elevato	翯 髜
190	髟	10	biāo	Capelli lunghi	发 须 松 胡 髦
191	[鬥]斗	10	dòu	Combattimento	闹 鬪
192	鬯	10	chàng	Erbe, vino sacrificale	鬱 郁
193	鬲	10	lì	Treppiedi, calderone	鬻 鬷 鬸
194	鬼	10	guǐ	Fantasma, demone	魂 魁 魃 魄
195	鱼	11	yú	Pesce	鲤 鲍 鲂 鱿 鲗 鱿 缸 鲇
196	[鳥]鸟	11	niǎo	Uccello	鳽 鸡 鸹 凤 鸣 鹔 鸡 鸣 鸿 鸳

NO.	RADICALE (VARIANTI)	NUMERO DI TRATTI	PINYIN	SIGNIFICATO	ESEMPI
197	[鹵] 卤	11	lǔ	Sale	咸 碱 盐
198	鹿	11	lù	Cervo	尘 麃 麇 麗 麟
199	[麥] 麦	11	mài	Grano	麴 面 麵 麨 麵
200	麻	11	má	Canapa, lino	么 魔
201	黄	12	huáng	Giallo	黊 黉
202	黍	12	shǔ	Miglio	黏 黎
203	黑	12	hēi	Nero	点 黛 黱 党
204	黹	12	zhǐ	Ricamo, lavoro di sartoria	黼 黻
205	[黽] 黾	13	mǐn	Rana, anfibio	鳖 鼋 鼍
206	鼎	13	dǐng	Treppiedi	鼏 鼐
207	鼓	13	gǔ	Tamburo	鼗 鼟
208	鼠	13	shǔ	Ratto, topo	鼢 鼣 鼩
209	鼻	14	bí	Naso	鼽 鼽 鼾
210	[齊] 齐	14	qí	Piatto (liscio), uniforme	斋 斋 斋
211	[齒] 齿	15	chǐ	Dente, molare	龄 龆 龀
212	[龍] 龙	16	lóng	Drago	龘 龖
213	[龜] 龟	16	guī	Tartaruga	龝
214	龠	17	yuè	Flauto	龢 龤

Tabella16 : Lista dei 214 radicali Kangxi

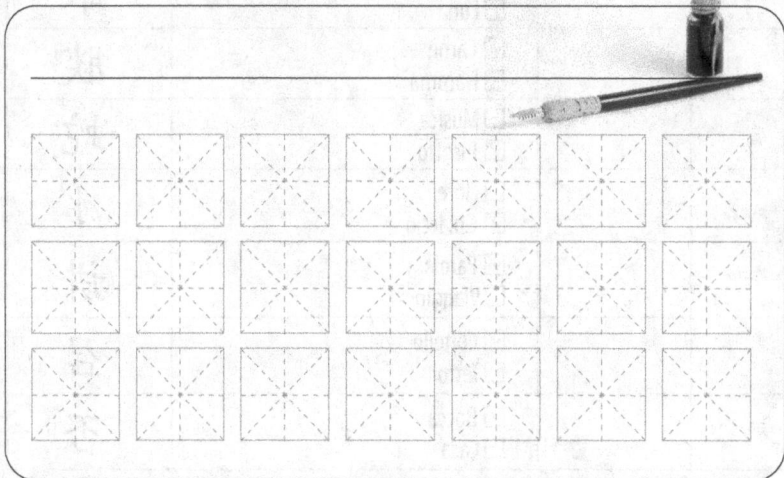

RISPOSTE DEL TEST 1

Soluzioni del test 1, lezione 2, pagina 30.

#	RADICAL	SIGNIFICATO	ESEMPIO
1		☐ Cibo ☑ Uomo	从
2		☑ Mano ☐ Insetto	打
3		☐ Lune ☑ Soleil	明
4		☑ Carne ☐ Tavolo	肺
5		☑ Legno ☐ Carne	相
6		☐ Ghiaccio ☑ Acqua	泳
7		☐ Luce ☑ Fuoco	灯
8		☑ Malattia ☐ Recipiente	病
9		☑ Occhio ☐ Luna	眼
10		☑ Carne ☐ Fiamma	朕
11		☐ Musica ☑ Insetto	蛇
12		☐ Fiore ☑ Ghiaccio	冰
13		☑ Parola ☐ Viaggio	讲
14		☑ Coltello ☐ Tetto	召
15		☑ Bocca ☐ Casa	否

RISPOSTE DEL TEST 2
Soluzioni del test 1, lezione 8, pagina 106.

#	RADICAL	SIGNIFICATO	ESEMPIO
16		☐ Leno ☑ Animale	犸
17		☐ Acqua ☑ Lingua	讯
18		☑ Animale ☐ Radice	羚
19		☑ Pesce ☐ Linguaggio	鲐
20		☑ Pianta ☐ Casa	花
21		☐ Animale ☑ Pelo	彪
22		☐ Albero ☑ Animale	驼
23		☑ Malattia ☐ Meteo	疬
24		☑ Occhio ☐ Cibo	盲
25		☑ Animale ☐ Tessuto	狍
26		☑ Animale ☐ Fiore	牡
27		☑ Campo ☐ Ghiaccio	男
28		☑ Tetto ☐ Strumento musicale	官
29		☐ Liquido ☑ Porta	闯
30		☑ Tetto ☐ Ballerino	家

**Discovery
Publisher**

Le Edizioni **Discovery** è un editore multimediale la cui missione è ispirare e supportare la trasformazione personale, la crescita spirituale e il risveglio. Ci sforziamo con ogni titolo di preservare la saggezza essenziale dell'autore, del maestro spirituale, del pensatore, del guaritore e dell'artista visionario.